테마별 실무서 18

해외투자 세무

한국세무사회

발간사

세무사는 공공성있는 세무전문가로 납세자권익 보호와 성실한 납세의무 이행에 이바지하는 사명이 있습니다. 이 때문에 세무사는 모름지기 높은 전문성과 책임성을 갖춰야 하고 이를 위한 연구와 교육은 아무리 강조해도 지나치지 않습니다.

한국세무사회는 그동안 많은 세법책과 실무서를 발간하면서 회원의 전문성과 책임성을 함양하기 위해 노력해왔습니다. 하지만 회원보다는 관성적인 출판에 그치고 저자 편의가 앞서 사업현장의 회원님을 만족시키는데 부족함이 참 많았습니다.

제33, 34대 한국세무사회는 도서출판까지 혁신하여 사업현장의 회원들의 직무 요령, 리스크 관리 및 컨설팅기법 등을 망라해 회원들이 책상머리에 두고 무시로 회원을 돕는 '실사구시 지침서'를 어떻게 마련할지 고민해왔습니다.

그 결과 세목별 기본서, 신고실무도 회원친화적으로 형식과 콘텐츠도 바꾸고 회원님이 전문적인 핵심직무를 수행할 때 유용한 길잡이가 될 '테마별 실무서 시리즈'를 새롭게 내게 되었습니다.

'한국세무사회 테마별 실무서'는 사업현장에서 부딪히는 핵심주제 50개를 추출하고 각 테마마다 최고의 전문가가 참여하여 관계법령, 예규 및 판례의 나열 아닌 직무요령과 리스크 관리, 컨설팅 기법 등 권위있는 전문 집필자의 노하우까지 담아냈습니다.

조세출판사에 큰 획을 그을 책이 될 '한국세무사회 테마별 실무서 시리즈'가 앞으로 개정과 증보를 거듭하면서 사업현장의 회원님을 최고의 조세전문가로 완성시키는 기념비적인 책이 되리라 믿어 의심치 않습니다.

어려운 여건에도 남다른 열정과 전문성으로 '한국세무사회 테마별 실무서'가 탄생하는데 함께해주시는 집필진 세무사님과 한국세무사회 도서출판위원회 위원님께 고마움을 전합니다.

2025년 11월

한국세무사회 회 장 구 재 이

CONTENTS

해외투자 세무

CONTENTS

CONTENTS

제1장 총설

Ⅰ. 해외투자 관련 국제조세 규정 체계

국제조세와 관련된 내용은 법인세법이나 소득세법 등 국내세법과 조세조약 등에 관련 규정들이 산재되어 있다. 특히, 우리나라의 경우 국제거래에 관한 조세의 조정에 관한 사항과 국가 간의 조세행정협조에 관한 사항을 규정함으로써 국가 간의 이중과세 및 조세회피를 방지하고 원활한 조세협력을 도모하기 위해 국제조세조정에 관한 법률("국조법")이 별도로 제정되어 있다. 국조법에서는 주로 이전가격세제와 과소자본 과세제도, 조세피난처의 법인소득에 관한 과세조정제도, 상호합의절차, 국가 간의 조세협력 등에 대해 규정하고 있다. 그리고 국내원천소득이 있는 비거주자나 외국법인에 대한 과세절차나 국외원천소득이 있는 거주자나 내국법인에 대한 과세절차에 대해서는 법인세법이나 소득세법, 조세특례제한법 등에서 규정을 하고 있고, 조세조약에서는 국제적 이중과세방지를 위한 과세권의 조정이나 조세회피를 방지하기 위한 내용 등을 규정하고 있다.

국제조세 문제 중 거주자나 내국법인이 해외주식에 투자하거나 해외부동산을 취득·보유·처분하는 과정에서 발생하는 주된 문제는 외국환의 송금 및 회수에 따른 금융기관에 대한 신고와 관할 세무서에 해야 하는 자료제출 의무, 국외자산으로부터 발생되는 소득에 대한 과세문제라고 할 수 있다. 이 중에서 해외직접투자와 해외부동산의 취득과 보유, 처분단계에서의 금융기관 신고절차는 주로 외국환거래법 및 외국환거래규정에 규정되어 있다. 그리고 해외투자와 관련된 세법상 자료제출 의무는 주로 국조법에 규정되어 있고, 보유 및 처분 단계에서의 배당소득이나 임대소득, 자산처분소득에 대해서는 법인세법이나 소득세법, 조세조약 등에 규정되어 있다. 비거주자나 외국법인의 국내원천소득에 대한 과세와 거주자나 내국법인의 국외원천소득에 대한 과세 등 국제조세와 관련된 내용들을 규정하고 있는 국내세법과 조세조약의 주요 내용들을 살펴보면 다음과 같다.

II. 해외투자 관련 세법 규정 등

1. 국세 관련

(1) 법인세법

법인세법 제4장에서는 국내원천소득이 있는 외국법인의 각 사업연도의 소득에 대한 법인세에 대하여 규정하고 있는데, 국내사업장이 있는 외국법인의 각 사업연도의 국내원천소득금액의 계산에 관해서는 내국법인에 대한 대부분의 규정들이 준용된다. 그런데 내국법인의 국외원천소득에 대한 과세에 대하여는 따로 체계적으로 규정하고 있지 않고, 법인세법 제53조에서 규정하고 있는 내국법인의 외국법인 등과의 거래에 대한 소득금액계산의 특례와 법인세법 제53조의3에서 규정하고 있는 해외사업장의 과세표준 계산특례 등 단편적으로만 규정되어 있어 있을 뿐이다.

(2) 소득세법

소득세법에서는 제3장 제10절에서 거주자의 국외자산 양도에 대한 양도소득세를 규정하고 있고, 제11절에서는 거주자의 출국 시 국내 주식 등에 대한 과세특례에 대하여 규정하고 있다. 또한, 소득세법 제4장에서는 비거주자의 국내원천소득에 대한 소득세 납세의무에 대하여 규정하고 있는데, 비거주자도 국내사업장이 있는 경우 사업소득의 계산 등에 있어서 소득세법상 거주자에 대한 규정들이 많이 준용되고 있다. 그리고 원천징수의 특례에 대하여 규정하고 있는 제5장 제3절에서는 국내사업장이 없는 비거주자의 국내원천소득에 대한 원천징수와 그 특례에 대하여 규정하고 있다. 한편, 소득세법 제42조에서는 법인세법과 마찬가지로 거주자의 비거주자 등과의 거래에 대한 소득금액계산의 특례를 규정하고 있지만, 거주자의 국외원천소득에 대한 과세에 대하여는 따로 체계적인 규정을 두고 있지 않다.

(3) 국제조세조정에 관한 법률

국조법에서는 국가 간의 이중과세 및 조세회피를 방지하고 원활한 조세협력을 도모하기 위해, 제2장 제1절에서 국외특수관계인과의 거래에 대한 과세조정(이전가격 과세제도), 제2절에서는 국외지배주주 등에게 지급하는 이자에 대한 과세조정(과소자본 과세제도), 제3절에서는 특정외국법인의 유보소득에 대한 합산과세(조세피난처 과세제도), 제4절에서는 국외증여에 대한 증여세 과세특례를 규정하고 있다. 그리고 제3장 제1절에서 국가 간 조세협력, 제2절에서는 상호합의절차를 규정하고 있고, 제4장 제1절에서 해외금융계좌의 신고, 제2절에서는 해외현지법인 등의 자료제출에 대하여 규정하고 있다. 또한, 제5장에서는 글로벌최저한세의 과세, 제6장에서는 국제거래와 관련된 벌칙에 대하여 규정하고 있다.

(4) 조세특례제한법

조세특례제한법은 제2장 제3절에서 국제자본거래에 대한 조세특례를 규정하고 있고, 제5장에서는 외국인투자 등에 대한 조세특례를 규정하고 있다. 한편, 2018년 말 세법 개정으로 그동안 조세특례제한법에서 규정하고 있던 외국인 투자기업에 대한 법인세와 소득세의 감면규정은 2019년부터 폐지되었는데, 그 배경으로는 EU가 2017년 12월 우리나라의 외국인 투자기업에 대한 법인세와 소득세 감면제도가 비거주자나 외국법인에게만 적용돼 EU의 공평과세 원칙에 어긋난다고 지적하면서 한국을 조세분야 비협조지역으로 지정했고, 이에 정부는 특혜 논란이 있었던 외국 투자기업에 대한 조세감면제도를 2018년 말 폐지함으로써 EU의 조세 비협조국 블랙리스트에서 제외되었다.

2. 지방세 관련

지방세법에서는 제8장 제4절에서 비거주자의 국내원천소득에 대한 지방소득세에 대하여 규정하고 있고, 제9절에서는 외국법인의 각 사업연도의 소득에 대한 지방소득세를 규정하고 있는데 과세대상과 과세방법 등은 대부분 소득세법이나 법인세법의 규정을 준용하도록 하고 있다. 그리고 지방세특례제한법 제3장 제4절에서는 국제자본거래에 대한 특례를 규정하고 있고, 제153조에서는 외국인투자에 대한 개인지방소득세 등의 감면에 대하여 규정하고 있다. 그런데 국세의 경우와 마찬가지로 거주자나 내국법인의 국외원천소득에 대한 지방세 과세에 대해서도 지방세법이나 지방세특례제한법에 따로 체계적으로 규정하고 있지 않다.

3. 조세조약

(1) 개요

일반적으로 조세조약은 소득 및 자본에 관한 조세의 이중과세회피 및 탈세방지를 위해 국가 간에 체결된다. '조세조약'의 정식명칭은 '소득 및 자본에 관한 조세의 이중과세회피 및 탈세방지를 위한 협약(Convention between (State A) and (State B) for the elimination of double taxation with respect to taxes on income and on capital and the prevention of tax evasion and avoidance)'인데, 실무적으로는 조세조약(Tax Treaty), 조세협약(Tax Convention), 조세협정(Tax Agreement), 이중과세협약(Double Taxation Convention), 이중과세방지협약(Convention on the Prevention of Double Taxation) 등으로 줄여 부르고 있다. 현행 국조법에서는 조세조약을 '소득·자본·재산에 대한 조세 또는 조세행정의 협력에 관하여 우리나라가 다른 국가와 체결한 조약·협약·협정·각서 등 국제법에 따라 규율되는 모든 유형의 국제적 합의'로 규정하고 있는데(국조법 §2 ① 7호), 조세조약의 목적은 다음과 같이 정리할 수 있다(국조집행 2-0-2 ②).

① 국가 간 과세권의 배분
② 국제적 이중과세의 방지
③ 조세회피와 탈세, 조약의 부당한 이용에 대한 대처

(2) 조세조약과 국내세법과의 관계

소득세법과 법인세법 등 우리나라 현행 세법에서는 거주자나 내국법인의 국외원천소득에 대해서 체계적인 규정을 두고 있지 않지만, 비거주자나 외국법인의 국내원천소득으로 과세되는 소득의 유형을 일일이 열거하면서 그 과세방법에 대해서도 규정하고 있는데, 우리나라가 체결한 각국과의 조세조약을 보면 일부 소득에 대해서는 국내세법과 다르게 개념정의를 하면서 과세방식에 대해서도 다르게 규정하고 있는 경우가 있다. 이처럼 국내세법과 조세조약에서 소득의 유형과 과세방식을 다르게 규정하고 있는 경우 어떤 규정이 우선하는지의 문제가 발생할 수 있다.

① 조세조약의 우선 적용

조세조약은 이중과세회피와 탈세방지를 주된 목적으로 하여 체약국 간의 과세권의 배분문제를 주요대상으로 하고 있으므로 양 체약국의 거주자에 국한하여 적용되며, 또한 특정 소득에 대한 과세문제를 특별히 규정하고 있으므로 조세조약은 국내세법에 대한 특별법 관계에 있다고 할 수 있다. 우리나라 헌법에서는 조약을 국내 법률과 같은 위치로 보는데, 일반적으로 조약은 특별법 우선원칙에 따라 국내 법률보다 우선적으로 적용된다고 본다. 따라서 조세조약과 국내세법의 내용이 서로 상이한 경우에는 일반적으로 조세조약이 우선하여 적용된다고 해석한다. 이처럼 원칙적으로 해당국의 국내세법과 조세조약의 규정이 상이할 경우 조세조약의 규정이 우선하기 때문에 비거주자나 외국법인이 국내에서 소득을 발생시키는 경우나 거주자나 내국법인이 국외에서 소득을 발생시키는 경우 국내세법뿐만 아니라 해당 국가와의 조세조약도 반드시 검토해야 한다. 또한, 조세조약 체결이 안 된 국가도 많이 있는데 이런 경우에는 그 비거주자나 외국법인의 국내원천소득은 국내세법에 따라 과세되어야 하기 때문에 이런 경우에도 조세조약의 존재여부가 매우 중요하다고 할 수 있다.

② 조세조약에 규정되지 않은 사항 등에 대한 취급

조세조약은 체약국 간의 거래에서 발생되는 소득에 대한 과세권을 양국에 어떻게 배분할 것인지에 관하여 일반적이고 원칙적인 내용만을 규정하고 있으므로, 조세조약에서 규정하고 있지 않은 사항과 그 조약의 시행에 관한 구체적 절차에 대하여는 해당국의 국내세법을 따르게 된다. 즉, 조세조약상 과세대상이더라도 국내세법상 과세되지 아니하는 경우는 국내에서 과세되지 아니하며, 조세조약상 과세대상이 아니면 국내세법상 과세대상이더라도 국내에서 과세되지 않는다. 결국 조세조약에 규정되어 있더라도 특별히 명시되지 않는 한 일반적으로는 국내세법의 구체적인 적용방법, 절차 등에 의하여 과세된다.

참고: 국내세법과 조세조약의 과세범위 차이에 따른 국내과세 여부

국내세법	조세조약	국내 과세여부
과세대상	과세대상 아님	과세 안 함
과세대상 아님	과세대상	과세 안 함
과세대상	과세대상	과세함

참고: 조세조약이 국내법에 우선한다고 본 사례

국내법상 배당에 해당되더라도 조세조약상 배당에 해당하지 않는 이상 이 사건 쟁점금액이 배당소득으로 과세되어야 함을 전제로 한 이 사건 처분은 위법함(서울행법2012구합9505, 2013.05.24).

제2장

해외투자에 대한 관리

Ⅰ. 해외투자의 개요

거주자나 내국법인이 해외기업에 투자하는 방법은 직접투자방식과 간접투자방식이 있다. 먼저 직접투자방식(FDI: Foreign Direct Investment)은 해외에 신규 법인이나 공장을 설립하거나 지분인수를 통한 투자를 의미하는데, 이는 기업의 직접 경영 및 사업관리에의 참여를 목적으로 하는 투자하는 방식이다. 이에 비해 간접투자방식(FII: Foreign Indirect Investment)은 투자대상 기업의 경영활동에 참여하지 않고, 단순히 투하자본에 대응하는 배당금이나 이자수입의 획득만을 목적으로 국내증권사 등을 통해 간접적으로 해외주식이나 채권 등에 투자하는 방식과 해외자산에 투자하는 해외펀드나 역외펀드에 가입하여 이익을 분배받는 투자방식을 말한다. 이 중 일정요건을 충족하는 해외직접투자에 대해서는 외환 관련 법령에 따른 금융기관에의 신고의무와 국조법에 따른 자료제출 의무가 발생하게 된다. 그런데 외국환거래법과 동법 시행령에서 위임된 사항과 그 시행에 관하여 필요한 사항을 정하기 위해 만들어진 외국환거래규정에서는 해외투자를 직접투자와 지사설치, 부동산취득 등으로 구분하여 규정하고 있는데, 아래에서는 해외투자를 외국환거래규정에서의 구분대로 해외직접투자와 해외지사설치, 외국부동산취득 등으로 나누어 살펴보기로 한다.

II. 해외직접투자

1. 해외직접투자의 범위

외국환거래법상 '해외직접투자'란 다음 중 어느 하나에 해당하는 거주자에 의한 거래 · 행위 또는 지급을 말한다(외환법 §3 ① 18호).

① 외국법령에 따라 설립된 법인(설립 중인 법인 포함. "외국법인")이 발행한 증권을 취득하거나 그 법인에 대한 금전의 대여 등을 통하여 그 법인과 지속적인 경제관계를 맺기 위하여 하는 거래 또는 행위로서 다음에 해당하는 것(외환령 §8 ①)

ⓐ 외국법인의 경영에 참가하기 위하여 취득한 주식 또는 출자지분이 해당 외국법인의 발행주식 총수 또는 출자총액에서 차지하는 비율(주식 또는 출자지분을 공동으로 취득하는 경우 그 주식 또는 출자지분 전체의 비율. "투자비율")이 10% 이상인 투자

ⓑ 투자비율이 10% 미만인 경우로서 해당 외국법인과 다음 중 어느 하나에 해당하는 관계를 수립하는 것

- 임원의 파견
- 계약기간이 1년 이상인 원자재 또는 제품의 매매계약의 체결
- 기술의 제공 · 도입 또는 공동연구개발계약의 체결
- 해외건설 및 산업설비공사를 수주하는 계약의 체결

ⓒ 위 ⓐ 또는 ⓑ에 따라 이미 투자한 외국법인의 주식 또는 출자지분을 추가로 취득하는 것

ⓓ 위 ⓐ부터 ⓒ까지의 규정에 따라 외국법인에 투자한 거주자가 해당 외국법인에 대하여 상환기간을 1년 이상으로 하여 금전을 대여하는 것

② 외국에서 영업소를 설치 · 확장 · 운영하거나 해외사업 활동을 하기 위하여 다음의 자금을 지급하는 것(외환령 §8 ②)

ⓐ 지점 또는 사무소의 설치비 및 영업기금

ⓑ 거주자가 외국에서 법인 형태가 아닌 기업을 설치 · 운영하기 위한 자금

ⓒ 해외자원개발사업법 제2조에 따른 해외자원개발사업 또는 사회간접자본

개발사업을 위한 자금. 다만, 해외자원개발을 위한 조사자금 및 해외자원의 구매자금은 제외한다.

2. 해외직접투자의 신고

(1) 해외직접투자신고 및 변경의 보고 등

① 해외직접투자의 신고

거주자가 해외직접투자(증액투자 포함)를 하고자 하는 경우에는 다음에서 정하는 외국환은행의 장에게 신고하여야 한다(외환규정 §9-5 ①). 다만, 거주자가 해외직접투자를 한 거주자로부터 당해 주식 또는 지분을 양수받아 해외직접투자를 하고자 하는 경우나 이미 투자한 외국법인이 자체이익 유보금 또는 자본잉여금으로 증액투자하는 경우에는 거래가 있은 날로부터 3개월 이내에 사후에 보고할 수 있다(외환규정 §9-5 ②).

ⓐ 주채무계열 소속 기업체인 경우에는 해당 기업의 주채권은행

ⓑ 거주자가 주채무계열 소속 기업체가 아닌 경우에는 여신최다은행

ⓒ 위 ⓐ 또는 ⓑ에 해당하지 않는 거주자의 경우 거주자가 지정하는 은행

② 해외직접투자 신고서의 제출

해외직접투자를 하고자 하는 자는 외국환거래규정 [별지 제9-1호 서식]의 '해외직접투자 신고서(보고서)'에 다음의 서류를 첨부하여 해당 신고기관에 제출하여야 한다(외환규정 §9-5 ③).

ⓐ 사업계획서(자금조달 및 운용계획 포함)

ⓑ 해외직접투자를 하고자 하는 자가 신용정보의 이용 및 보호에 관한 법률에 의한 금융거래 등 상거래에 있어서 약정한 기일 내에 채무를 변제하지 아니한 자로서 종합신용정보 집중기관에 등록(속칭 '신용불량자') 되어 있지 않음을 입증하는 서류. 다만, 회사정리법 또는 화의법에 의하여 정리절차가 진행되고 있는 기업체가 기존의 유휴설비나 보유기술을 투자하거나 관련 법령이 정한 법원 또는 채권관리단의 결정에 의한 경우에는 그러하지 아니하다.

ⓒ 조세체납이 없음을 입증하는 서류

ⓓ 기타 신고기관의 장이 필요하다고 인정하는 서류

(2) 해외직접투자의 수단

해외직접투자의 수단은 다음 중 하나에 해당하는 것으로 한다(외환규정 §9-1의2).

① 지급수단(정부지폐, 은행권, 주화, 수표, 우편환, 신용장과 환어음, 약속어음, 여행자카드, 상품권, 기타 지급받을 수 있는 내용이 표시된 우편 또는 전신에 의한 지급지시 및 전자금융거래법상 전자화폐, 선불전자지급수단 등 전자적 방법에 따른 지급수단 등)

② 현지법인의 이익유보금 및 자본잉여금

③ 자본재(외국인투자촉진법 제2조 제1항 제9호의 자본재)
산업시설(선박, 차량, 항공기 등 포함)로서의 기계, 기자재, 시설품, 기구, 부분품, 부속품 및 농업 · 임업 · 수산업의 발전에 필요한 가축, 종자, 수목, 어패류, 그 밖에 주무부장관이 해당 시설의 첫 시험운전(시험사업 포함)에 필요하다고 인정하는 원료 · 예비품 및 이의 도입에 따르는 운임 · 보험료와 시설을 하거나 조언을 하는 기술 또는 용역

④ 산업재산권, 기타 이에 준하는 기술과 이의 사용에 관한 권리

⑤ 해외법인 또는 해외지점 · 사무소를 청산한 경우의 그 잔여재산

⑥ 대외채권

⑦ 주식

⑧ 기타 그 가치와 금액의 적정성을 입증할 수 있는 자산

(3) 한국수출입은행장의 보고서 제출

한국수출입은행장은 해외직접투자자 또는 신고기관으로부터 제출받은 각종 통계 · 보고서 등을 종합관리하고, 다음의 보고서를 작성하여 다음에서 정한 기일 내에 기획재정부장관에게 제출하여야 한다(외환규정 §9-2의2).

① 해외직접투자 신고 및 투자실적(월보): 매 익월 말일 이내

② 해외직접투자 동향분석(분기보 및 연보): 매 분기 익익월 10일 이내 및 매

익년도 3월 이내

③ 해외직접투자 경영분석보고서: 매 익년도 10월 이내

(4) 투자금의 회수

해외직접투자자는 해당 신고의 내용에 따라 투자원금과 과실을 국내에 회수하여야 한다(외환규정 §9-4 ①). 다만, 해외에서 외국환거래규정에 의해 인정된 자본거래를 하고자 하는 경우에는 그러하지 아니하다(외환규정 §9-4 ②).

(5) 사후관리

① 사후관리 보고서 등의 제출

해외직접투자자는 다음의 보고서 또는 서류를 다음에서 정한 기일 내에 해당 신고기관의 장에게 제출하여야 한다. 다만, 해외직접투자자 또는 투자한 현지법인의 휴·폐업, 현지의 재난·재해 등 불가피한 사유로 해외직접투자자가 보고서 등을 제출하는 것이 불가능하다고 신고기관의 장이 인정하는 경우에는 당해 불가피한 사유가 해소되기 전까지 다음의 보고서 또는 서류를 제출하지 아니할 수 있다(외환규정 §9-9 ①).

ⓐ 외화증권(채권)취득보고서(법인 및 개인기업 설립보고서 포함)
투자금액 납입 또는 대여자금 제공 후 6개월 이내. 다만, 외국환거래시행령 제8조 제2항 제3호의 규정에 의한 해외자원개발사업 및 사회간접자본개발사업으로서 법인 형태가 아닌 투자의 경우에는 외화증권(채권) 취득보고서 제출을 면제한다.

ⓑ 송금(투자)보고서
송금 또는 투자 즉시(투자금액을 현지금융으로 현지에서 조달하는 경우 투자시점)

ⓒ 연간사업실적보고서(투자금액 합계가 미화 300만불 초과인 경우를 대상으로 하며, 해외자원개발사업 및 사회간접자본개발사업으로서 법인 형태가 아닌 투자의 경우는 제외)
회계기간 종료 후 5월 이내

ⓓ 청산보고서(금전대여의 경우 원리금 회수내용 포함)
청산자금 수령 또는 원리금회수 후 즉시

ⓔ 해외직접투자를 한 거주자가 당초 신고하거나 보고한 내용을 변경하는 경우
변경사유가 발생한 회계기간 종료 후 5월 이내

ⓕ 해외직접투자를 한 거주자가 다른 거주자에게 당해 주식 또는 지분을 매각하는 경우
변경사유가 발생한 후 3개월 이내

ⓖ 기타 신고기관의 장이 해외직접투자의 사후관리에 필요하다고 인정하여 요구하는 서류

② 신고기관장의 관리대장의 작성과 제출

신고기관의 장은 외국환거래규정에 따라 신고를 받은 해외직접투자사업에 대한 사후관리를 위하여 해외직접투자 관리대장을 작성하여야 하며, 다음에서 정한 기일 내에 한국수출입은행장에게 제출하여야 한다. 다만, 해외직접투자자 및 투자한 현지법인의 휴·폐업, 현지의 재난·재해 등 불가피한 사유로 신고기관의 장이 해외직접투자자 및 투자한 현지법인으로부터 관련 보고서나 서류를 제출받는 것이 불가능한 것으로 인정되는 경우에는 그러하지 아니하며, 이 경우 신고기관의 장은 보고서 제출 곤란 등의 사실을 한국수출입은행장에게 보고하여야 한다(외환규정 §9-9 ②).

ⓐ 해외직접투자 신고서 사본(내용변경보고서 포함), 해외직접투자 신고 및 투자실적(월보)
매 익월 15일 이내

ⓑ 연간사업실적보고서(현지법인 투자현황표)
해외직접투자자로부터 제출받은 즉시

ⓒ 사후관리종합내역 등 기타 통계 또는 사후관리에 필요한 서류

③ 한국수출입은행장의 해외직접투자기업 현황의 작성과 송부

한국수출입은행장은 매년 해외직접투자기업 현황을 작성하여 기획재정부장관 및

해외공관의 장에게 송부하여야 한다. 이 경우 기획재정부장관은 사실 확인 등을 위하여 추가적인 자료의 요청 및 실태 점검 등을 실시할 수 있다(외환규정 §9-9 ⑤).

④ 신고기관장의 자료 통보

신고기관의 장은 개인, 개인사업자 또는 법인의 투자, 부동산 관련업에 대한 투자 및 주식을 출자한 투자에 대하여는 다음의 보고서 등을 다음의 기일 내에 한국수출입은행을 경유하여 국세청장, 관세청장 및 금융감독원장에게 통보하여야 한다(외환규정 §9-9 ⑦).

ⓐ 해외직접투자 신고내용, 송금(투자)보고 내용, 해외직접투자사업 청산 및 대부채권 회수보고 내용, 해외직접투자자 또는 투자한 현지법인의 휴·폐업, 소재불명 및 시민권의 취득 등의 사실
매 익월 25일 이내

ⓑ 연간사업실적보고서
매 익년도 9월 말일 이내

[별지 제9-1호 서식] (2024.03.26. 개정)

<table>
<tr><td colspan="5">해외직접투자 신고서(보고서)</td><td>처리기간

</td></tr>
<tr><td rowspan="5">신고인(보고인)</td><td rowspan="2">상 호</td><td rowspan="2"></td><td>사업자등록번호</td><td colspan="2"></td></tr>
<tr><td>법인등록번호</td><td colspan="2"></td></tr>
<tr><td>대 표 자</td><td>(인)</td><td>주민등록번호</td><td colspan="2"></td></tr>
<tr><td>소 재 지</td><td colspan="4">전화번호</td></tr>
<tr><td>업 종</td><td colspan="4"></td></tr>
<tr><td rowspan="7">해외직접투자내용</td><td>투자국명</td><td></td><td>소 재 지</td><td colspan="2"></td></tr>
<tr><td>투자방법</td><td></td><td>자 금 조 달</td><td colspan="2"></td></tr>
<tr><td>투자업종</td><td></td><td>주 요 제 품</td><td colspan="2"></td></tr>
<tr><td>투자금액</td><td></td><td>출 자 금 액</td><td colspan="2"></td></tr>
<tr><td>투자비율</td><td></td><td>결 산 월</td><td colspan="2"></td></tr>
<tr><td>투자목적</td><td colspan="4"></td></tr>
<tr><td>현지법인명
(영 문)</td><td colspan="4">(자본금)</td></tr>
<tr><td colspan="6">외국환거래법 제18조의 규정에 의거 위와 같이 신고(보고)합니다.

년 월 일
외국환은행의 장 귀하</td></tr>
<tr><td colspan="4" rowspan="3">위와 같이 신고(보고)되었음을 확인함</td><td>신고번호</td><td></td></tr>
<tr><td>신고금액</td><td></td></tr>
<tr><td>유효기간</td><td></td></tr>
<tr><td colspan="6">피신고(보고)기관 : 외국환은행의 장</td></tr>
</table>

210㎜×297㎜

〈첨부서류〉 1. 사업계획서(자금조달 및 운영계획 포함)
2. 합작인 경우 당해 사업에 관한 계약서
3. 외국환거래법 시행령 제8조 제1항 제4호에 규정한 금전의 대여에 의한 해외직접투자인 경우에는 금전대차계약서
4. 해외투자수단이 해외주식인 경우, 당해 해외주식의 가격적정성을 입증할 수 있는 서류

※ 업종은 통계청 한국표준산업분류표상 세세분류코드(5자리) 및 업종명을 기재
※ 출자금액란에는 액면가액과 취득가액이 상이한 경우 액면가액을 기재

3. 해외지사의 설치

(1) 해외지사의 구분

해외지사는 다음과 같이 구분한다(외환규정 §9-17).

① 해외지점

독립채산제를 원칙으로 하여 외국에서 영업활동을 영위하고자 설치하는 경우

② 해외사무소(해외연락사무소)

외국에서 영업활동을 영위하지 아니하고 업무연락, 시장조사, 연구개발활동 등의 비영업적 기능만을 수행하거나 비영리단체(종교단체 포함)가 국외에서 해당단체의 설립목적에 부합하는 활동을 수행하기 위하여 설치하는 경우

(2) 해외지사의 설치신고와 자금지급

① 설치신고

비금융기관이 해외지사를 설치하고자 하는 경우에는 지정거래외국환은행의 장에게 신고하여야 한다(외환규정 §9-18 ①).

② 자금지급

해외지사를 설치한 자가 해외지사의 설치·운영·확장에 필요한 자금을 지급하고자 하는 경우에는 해외지사 설치신고를 한 지정거래외국환은행을 통하여 지급하여야 한다(외환규정 §9-18 ③).

(3) 해외지점의 영업활동

해외지점이 다음에 해당하는 거래 또는 행위를 하고자 하는 경우에는 한국은행총재에게 신고하여 수리를 받아야 한다(외환규정 §9-22).

① 부동산에 관한 거래 또는 행위. 다만, 당해 해외지점의 영업기금과 이익금 유보액 범위내(독립채산제의 예외적용을 받는 해외지점의 경우에는 인정된 설치비 및 유지활동비 범위내)에서 사무실 및 주재원의 주거용 부동산 등

해외에서의 영업활동에 필요한 외국에 있는 부동산의 취득 등과 관련하여 행하는 부동산 거래는 그러하지 아니하다.

② 증권에 관한 거래 또는 행위. 다만, 당해 해외지점의 영업활동과 관련하여 당해 주재국 법령에 의한 의무를 이행하기 위한 경우와 당해 주재국내의 정부기관 또는 금융기관이 발행한 증권으로서 즉시 환금이 가능하며 시장성이 있는 증권에 대한 거래는 그러하지 아니하다.

③ 비거주자에 대한 상환기한이 1년을 초과하는 대부

(4) 해외지점의 결산 순이익금의 처분 등

해외지점을 설치한 자가 해외지점으로부터 결산순이익금을 수령하고자 하는 경우에는 설치신고를 한 지정거래외국환은행을 통해 수령하여야 한다(외환규정 §9-23 ①). 이 경우 결산순이익금은 지정거래외국환은행의 장에게 해외지점의 재무제표, 국내 본사의 연결재무제표 등의 서류를 제출하여 확인을 받은 뒤 수령할 수 있다(외환규정 §9-23 ②).

(5) 해외지사의 변경내용의 보고와 폐쇄 등

① 변경내용의 보고

해외지사의 명칭 또는 위치를 변경한 자는 지정거래외국환은행의 장에게 그 변경내용을 사후보고 할 수 있다(외환규정 §9-24 ①).

② 해외지사의 폐쇄

해외지사를 폐쇄할 때는 잔여재산을 국내로 즉시 회수하고 해당 해외지사의 재산목록, 대차대조표, 재산처분명세서, 외국환매각증명서류를 지정거래외국환은행의 장에게 제출하여야 한다. 다만, 잔여재산을 국내로 즉시 회수하는 것이 불가능하다고 지정거래외국환은행이 인정하는 경우에는 분할하여 회수할 수 있으며, 해외에서 이 규정에 의해 인정된 자본거래를 하고자 하는 경우에는 국내로 회수하지 아니할 수 있다(외환규정 §9-24 ②).

(6) 해외지사에 관한 사후관리 등

① 설치행위 완료내용의 보고

해외지사의 설치에 관한 신고를 한 자는 설치신고를 한 날부터 6개월 이내에 현지법규에 의한 등록증 등 지사설치를 확인할 수 있는 서류를 첨부하여 그 설치신고를 한 지정거래외국환은행의 장에게 설치행위의 완료내용을 보고하여야 한다(외환규정 §9-25 ①).

② 부동산의 취득 및 처분내용의 보고

해외지사가 부동산을 취득 또는 처분하는 경우에는 그 취득 또는 처분일부터 6개월 이내에 지정거래외국환은행의 장에게 그 취득 또는 처분내용을 보고하여야 한다(외환규정 §9-25 ②).

③ 해외지점의 영업활동 상황보고서의 제출

해외지점을 설치한 자는 해당 해외지점의 연도별 영업활동 상황(외화자금의 차입 및 대여명세표 포함)을 회계기간 종료 후 5개월 이내에 지정거래외국환은행의 장에게 제출하여야 한다. 다만, 해외지점을 설치한 자가 휴·폐업 등으로 인해 보고서를 제출하는 것이 불가능하다고 신고기관의 장이 인정하는 경우에는 해당 휴·폐업의 기간에 보고서를 제출하지 아니할 수 있다(외환규정 §9-25 ③).

④ 해외지사 설치신고서 등의 통보

지정거래외국환은행의 장(한국은행총재 신고내용 포함)은 다음의 보고서 또는 서류를 작성하여 다음에서 정한 기일 내에 한국수출입은행을 경유하여 한국은행총재, 국세청장 및 관세청장에게 통보하여야 한다. 다만, 해외지사를 설치한 자가 휴·폐업의 상태에 있어 신고기관의 장이 해외지사를 설치한 자로부터 보고서를 제출받는 것이 불가능한 것으로 인정되는 경우에는 그러하지 아니하며, 이 경우 신고기관의 장은 휴·폐업의 사실을 한국수출입은행장에게 보고하여야 한다(외환규정 §9-25 ⑤).

ⓐ 해외지사 설치(변경·폐지)신고(수리)서 사본, 해외지사 설치·현황보고서(분기보)

매 분기 익익월 10일 이내

ⓑ 연간영업활동보고서(해외사무소와 비독립채산제 해외지점 제외) 매 익년도 9월 말일 이내

ⓒ 사후관리종합내역 등 기타 통계 또는 사후관리에 필요한 서류(해외지사별 영업기금 · 유지활동비 지급 현황 및 부동산 취득 · 처분 현황 포함)

Ⅲ. 외국부동산의 취득

1. 부동산취득의 신고 및 면제 등

(1) 부동산 취득 신고

아래 (2)에서 규정하는 신고의무가 면제되는 경우를 제외하고 거주자가 다음 중 어느 하나에 해당하는 외국에 있는 부동산 또는 이에 관한 권리를 취득하고자 하는 경우에는 외국환거래규정 [별지 제9-12호 서식]의 '부동산취득신고(수리)서'를 작성하여 지정거래외국환은행의 장에게 신고하여 수리를 받아야 한다(외환규정 §9-39 ②).

① 거주자가 주거 이외의 목적으로 외국에 있는 부동산을 취득하는 경우

② 거주자 본인 또는 거주자의 배우자가 해외에서 체재할 목적으로 주거용 주택을 취득하는 경우(거주자의 배우자 명의의 취득 포함)

③ 외국에 있는 부동산을 임차하는 경우(임차보증금이 미화 1만불 초과인 경우로 한정함)

그런데 이 신고 규정에도 불구하고 거주자가 외국부동산 매매계약이 확정되기 이전에 지정거래외국환은행의 장으로부터 내신고수리를 받은 경우에는 취득 예정금액의 10% 이내에서 외국부동산 취득대금을 지급할 수 있다. 이 경우 내신고수리를 받은 날로부터 3개월 이내에 이 신고규정에 의해 신고하여 수리를 받거나 지급한 자금을 국내로 회수하여야 한다(외환규정 §9-39 ③).

(2) 부동산취득 신고의무의 면제

거주자가 외국에 있는 부동산 또는 이에 관한 권리를 취득하고자 하는 경우로서 다음 중 어느 하나에 해당하는 경우에는 신고를 요하지 아니한다(외환규정 §9-39 ①).

① 외국환업무취급기관이 해외지사의 설치 및 운영에 직접 필요한 부동산의 소유권 또는 임차권을 취득하는 경우(해당 해외지점의 여신회수를 위한 담보권의 실행으로 인한 취득 포함)

② 거주자가 비거주자로부터 상속·유증·증여로 인하여 부동산에 관한 권리를 취득하는 경우

③ 정부가 외국에 있는 비거주자로부터 부동산 또는 이에 관한 권리를 취득하는 경우

④ 외국인거주자와 외국환거래법 제3조 제1항 제15호 단서의 규정에 해당하는 거주자(거주자로 보는 비거주자의 대한민국에 있는 지점, 출장소, 그 밖의 사무소)가 외국환거래법 또는 외국환거래법시행령의 적용을 받는 거래 이외의 거래에 의하여 외국에 있는 부동산 또는 이에 관한 권리를 취득하는 경우

⑤ 외국환업무취급기관이 외국환업무를 영위함에 따라 해외소재 부동산을 담보로 취득하는 경우

⑥ 부동산투자회사법에 의한 부동산투자회사, 자본시장과 금융투자업에 관한 법률에 의한 금융투자업자가 해당 법령이 정한 바에 의하여 외국에 있는 부동산 또는 이에 관한 권리를 취득하는 경우

⑦ 법률에 따라 설립된 기금을 관리·운용하는 법인 및 국민연금법 제102조 제5항에 따라 국민연금기금의 관리·운용에 관한 업무를 위탁받은 법인이 해당 법령에 따라 해외자산 운용목적으로 부동산을 매매 또는 임대하기 위한 경우

⑧ 은행, 보험회사, 종합금융회사가 해외자산 운용목적으로 부동산을 매매 또는 임대하기 위한 경우로서 해당 기관의 관련 법령이나 규정 등에서 정한 범위 내에서 외국에 있는 부동산 또는 이에 관한 권리를 취득하는 경우

⑨ 해외체재자 및 해외유학생이 본인 거주 목적으로 외국에 있는 부동산을 임차하는 경우

⑩ 외국에 있는 부동산을 임차하는 경우(임차보증금이 미화 1만불 이하인 경우에 한함)

(3) 한국은행총재에게 취득신고를 하는 경우

위 (1)과 (2)에 규정된 경우를 제외하고 거주자가 외국에 있는 부동산 또는 이에 관한 권리를 취득하고자 하는 경우에는 외국환거래규정 [별지 제9-12호 서식]의 부동산취득신고(수리)서를 작성하여 한국은행총재에게 신고하여 수리를 받아야 한다(외환규정 §9-39 ④).

2. 신고수리요건의 심사

거주자의 외국에 있는 부동산 또는 이에 관한 권리의 취득과 관련하여 한국은행총재 또는 지정거래외국환은행의 장은 외국부동산 취득신고가 있는 경우에는 다음의 사항을 심사하여 수리여부를 결정하여야 한다(외환규정 §9-38).

① 외국에 있는 부동산 또는 이에 관한 물권·임차권, 기타 이와 유사한 권리를 취득하고자 하는 자가 다음 중 어느 하나에 해당하는 자가 아닌지 여부

ⓐ 신용정보의 이용 및 보호에 관한 법률에 의한 금융거래 등 상거래에 있어서 약정한 기일 내에 채무를 변제하지 아니한 자로서 종합신용정보집중기관에 등록된 자

ⓑ 조세체납자

② 부동산취득금액이 현지금융기관 및 감정기관 등에서 적당하다고 인정하는 수준인지 여부

③ 부동산취득이 해외사업활동 및 거주목적 등 실제 사용목적에 적합한지 여부

3. 사후관리

(1) 신고수리내용의 통보

한국은행총재 또는 지정거래외국환은행의 장은 거주자의 외국에 있는 부동산 또는 이에 관한 권리 취득에 대한 신고수리 내용을 매 익월 20일까지 국세청장, 관세청장 및 금융감독원장에게 통보하여야 한다(외환규정 §9-40 ①).

(2) 부동산취득에 대한 보고서 제출

외국부동산 취득에 대한 신고수리를 받아 외국에 있는 부동산 또는 이에 관한 권리를 취득한 자는 다음의 보고서를 한국은행총재 또는 지정거래외국환은행의 장에게 제출하여야 하며, 한국은행총재 또는 지정거래외국환은행의 장은 다음 ① 및 ②의 보고서를 제출받은 날이 속하는 달의 익월 말일까지 국세청장, 관세청장 및 금융감독원장에게 제출하여야 한다. 다만, 현지의 재난·재해 등 불가피한 사유로 인해 부동산 또는 이에 관한 권리를 취득한 자가 보고서를 제출하는 것이 불가능한 것으로 한국은행총재 또는 지정거래외국환은행의 장이 인정하는 경우에는 그 사유가 해소될 때까지 다음의 보고서 또는 서류를 제출하지 아니할 수 있으며, 이 경우 한국은행총재 또는 지정거래외국환은행의 장은 국세청장, 관세청장 및 금융감독원장에게 그 사실을 통보하여야 한다(외환규정 §9-40 ②).

① 해외부동산취득보고서
부동산 취득대금 송금 후 3개월 이내

② 해외부동산처분(변경)보고서
부동산 처분(변경) 후 3개월 이내. 다만, 3개월 이내에 처분대금을 수령하는 경우에는 수령하는 시점

③ 수시보고서
한국은행총재 또는 지정거래외국환은행의 장이 취득부동산의 계속 보유 여부의 증명 등 사후관리에 필요하다고 인정하여 요구하는 경우

[별지 제9-12호 서식](2018.07.01 개정)

<table>
<tr><td colspan="3">부동산취득신고(수리)서</td><td>처 리 기 간

</td></tr>
<tr><td rowspan="3">신
청
인</td><td>상호 및 대표자 성명</td><td colspan="2">㊞</td></tr>
<tr><td>주 소(소재지)</td><td colspan="2">(전화번호)</td></tr>
<tr><td>업 종(직 업)</td><td colspan="2"></td></tr>
<tr><td rowspan="8">신
청
내
역</td><td>취 득 인</td><td colspan="2">(성명) (주소) (전화번호)</td></tr>
<tr><td>취 득 상 대 방</td><td colspan="2">(성명) (주소) (전화번호)</td></tr>
<tr><td>부 동 산 의 종 류</td><td colspan="2"></td></tr>
<tr><td>소 재 지</td><td colspan="2"></td></tr>
<tr><td>면 적</td><td colspan="2"></td></tr>
<tr><td>취 득 가 액</td><td colspan="2">(취득단가)</td></tr>
<tr><td>취 득 기 간</td><td colspan="2"></td></tr>
<tr><td>취 득 사 유</td><td colspan="2"></td></tr>
<tr><td colspan="4">외국환거래법 제18조의 규정에 의하여 위와 같이 신고합니다.

년 월 일

한국은행총재 귀하
(외국환은행의 장)</td></tr>
<tr><td colspan="3" rowspan="3">신청(신고)인 귀하
위의 신고를 다음과 같이 신고수리함.</td><td>신고(수리)번호</td></tr>
<tr><td>신고(수리)금액</td></tr>
<tr><td>유 효 기 간</td></tr>
<tr><td colspan="4">신고수리 조건 : 년 월 일
신고수리 기관 : 한국은행총재 ㊞
(외국환은행의 장)</td></tr>
</table>

210㎜×297㎜

〈첨부서류〉 1. 부동산매매계약서
2. 부동산감정서
3. 기타 부동산 취득신고수리시 필요한 서류

Ⅳ. 해외현지기업 및 해외부동산의 고유번호

1. 해외현지기업에 대한 고유번호 부여 및 관리

(1) 고유번호의 부여

① 고유번호 신청과 부여

'해외현지기업 고유번호'란 외국환거래법 제3조 제1항 제18호에 따른 해외직접투자자에 대한 효율적인 세원관리를 위하여 국세청장(국제세원담당관) 또는 세무서장(세원관리담당과장)이 해외현지법인과 해외지사(지점) 및 해외영업소 등에 부여하는 번호를 말한다(국조사무규정 §2 23호). 국세청장(국제세원담당관)은 한국수출입은행장으로부터 해외직접투자 자료를 수집하는데, 이렇게 수집한 자료 중 신규설립(거주자 간 양수도 포함) 법인 등에 대해서는 해외현지기업 고유번호를 부여하여 전산으로 관리한다(국조사무규정 §27 ①). 그리고 납세지 관할 세무서장(세원관리담당과장)은 납세자가 해외현지기업 고유번호를 신청(해외현지기업 고유번호 신청서)한 경우 고유번호 중복 부여에 해당하는지를 확인한 후 설립과 관련된 서류를 검토하여 해외현지기업 고유번호를 부여하여야 한다(국조사무규정 §27 ②).

② 해외현지기업자료의 관리

국세청의 국제조사과장 및 역외탈세정보담당관은 직접 또는 다른 법률에 따라 수집한 해외현지기업자료를 세원관리에 활용될 수 있도록 국제세원담당관에게 통보하여 한다(국조사무규정 §27 ③). 그리고 지방국세청장 또는 세무서장(세원관리담당과장 및 조사과장)은 세원분석 및 신고내용 확인, 세무조사 등의 과정에서 확인된 납세자의 해외현지기업에 대한 자료를 납세지 관할 세무서장(세원관리담당과장)에게 송부하여야 하며, 해외현지기업에 대한 자료를 수보한 납세지 관할 세무서장(세원관리담당과장)은 해외현지기업 고유번호를 부여하여 관리하여야 한다(국조사무규정 §27 ④).

(2) 고유번호증의 발급 및 관리와 청산 처리

① 고유번호증의 발급과 관리

국세청장 등이 해외현지기업 고유번호를 새로 부여한 경우에는 납세자에게 고유번호증을 발급·교부하여야 한다(국조사무규정 §27의2). 그리고 납세지 관할 세무서장(세원관리담당과장)은 해외현지기업 소재지 이전, 투자자 변경 등의 변동내역이 확인되는 경우 확인된 사항을 전산에 반영하여야 한다(국조사무규정 §27의3).

② 해외현지기업 청산 처리

납세지 관할 세무서장(세원관리담당과장)은 납세자가 해외현지기업 청산(지분양도 포함)을 증명하는 서류를 제출하는 경우에는 청산일자(지분양도일자)를 확인하여 전산으로 청산처리를 하여야 하며, 외국환거래규정 제9-6조(해외직접투자사업의 청산)에 따른 청산신고를 지정거래외국환은행의 장에게 할 수 있도록 안내한다(국조사무규정 §28의4).

■ 국제조세사무처리규정[별지 제8호서식] 〈개정 2025. 4. 10.〉

해외현지기업 고유번호 신청서

접수번호	접수일	처리기간 즉시

신청인 (해외투자자)	① 법인명 (상호)		② 사업자등록번호
	③ 대표자 (성명)		④ 주민등록번호
	⑤ 업종		⑥ 전화번호
	⑦ 소재지(주소)		
해외현지기업	⑧ 현지기업명		⑨ 소재지국명
	⑩ 소재지		⑪ 업종
	⑫ 납입자본금 (화폐단위 :)		⑬ 설립일자
	⑭ 해외현지기업의 형태	[ ] 해외현지법인 [ ] 지점 또는 연락사무소 [ ] 해외개인기업	
	⑮ 신청인과의 관계 (⑭에서 현지법인인 경우)	[ ] 자회사 [ ] 손회사 이하	
해외현지기업에 대한 투자내역	⑯ 투자일자		
	투자자의 주식소유 비율	⑰ 직접 주식소유 비율	
		⑱ 간접 주식소유 비율	

해외현지기업의 주주현황	⑲ 법인명 또는 성명	⑳ 납세자번호(사업자번호, 주민등록번호, 고유번호)	㉑ 소재지국	㉒ 투자비율

국제조세조정에관한법률 시행규칙 제56조 제1항에 근거하여 해외현지기업에 대한 고유번호 발급을 신청합니다.

년 월 일

신청인 [서명 또는 인]

세무서장 귀하

증명발급 등을 위한 개인정보 수집 · 이용 동의

■ **개인정보 수집·이용 내역(개인정보보호법 제15조)**
(수집항목) 성명, 상호, 주소(사업장), 전화번호(수집목적) 증명발급, 사후관리 등 (보유기간) 5년
위와 같이 개인정보 수집·이용하는데 동의하십니까? □ 동의 □ 미동의

■ **고유식별정보 수집·이용 내역(개인정보보호법 제24조)**
(수집항목) 주민등록번호, 외국인등록번호, 여권번호, (수집목적) 증명발급, 사후관리 등 (보유기간) 5년
위와 같이 고유식별정보를 수집·이용하는데 동의하십니까? □ 동의 □ 미동의
납세자 본인(서명 또는 인) : 위임받은 사람(서명 또는 인) :

■ **신청인이 만 14세미만 아동인 경우 위와 같이 개인정보 및 고유식별정보를 처리하는데 동의하십니까?(개인정보보호법 제22조)**
□ 동의 □ 미동의 본인(서명 또는 인) : 법정대리인(서명 또는 인) :

주민등록번호 수집근거 : 국세청은 국세기본법 시행령 제68조(민감정보 및 고유식별정보의 처리)에 따라 국세에 관한 사무를 수행하기 위하여 불가피한 경우 주민등록번호 등이 포함된 자료를 처리할 수 있습니다.

※ 동의를 거부할 권리가 있으며, 거부할 경우 증명발급 불가 등의 불이익이 따를 수 있습니다.

첨부서류	1. 해외현지기업에 투자하였음을 확인할 수 있는 서류 2. 해외현지기업의 주주를 확인할 수 있는 서류 3. ⑭란이 해외현지법인인 경우 신청인과 해외현지법인 사이의 지배구조도(그림)	수수료 없음

210㎜×297㎜[백상지 80g/㎡(재활용품)]

2. 해외부동산에 대한 고유번호 부여 및 관리

(1) 고유번호의 부여

① 고유번호 신청과 부여

'해외부동산 고유번호'란 외국환거래법 제3조 제1항 제19호에 따른 자본거래에 대한 효율적인 세원관리를 위하여 국세청장(국제세원담당관)이 해외부동산, 부동산에 관한 권리 등에 부여하는 번호를 말한다(국조사무규정 §2 24호). 국세청장(국제세원담당관)은 한국은행으로부터 수집한 해외부동산 등에 대한 자료 중 신규 취득에 대해서는 해외부동산 고유번호를 부여하여 전산으로 관리한다(국조사무규정 §28 ①). 그리고 납세지 관할 세무서장(세원관리담당과장)은 납세자가 해외부동산 고유번호를 신청(별지 제9호 서식)한 경우 고유번호 중복 부여에 해당하는지를 확인한 후 취득과 관련된 서류를 검토하여 해외부동산 고유번호를 부여하여야 한다(국조사무규정 §28 ②).

② 해외부동산의 관리

국세청 국제조사과장 및 역외정보담당관은 직접 또는 다른 법률에 따라 수집한 해외부동산 자료를 세원관리에 활용될 수 있도록 국제세원담당관에게 통보하여야 한다(국조사무규정 §28 ③). 그리고 지방국세청장 또는 세무서장(세원관리담당과장 및 조사과장)은 세원분석 및 신고내용 확인, 세무조사 등의 과정에서 확인된 납세자의 해외부동산에 대한 자료를 납세지 관할 세무서장(세원관리담당과장)에게 송부하여야 하며, 해외부동산에 대한 자료를 수보한 납세지 관할 세무서장(세원관리담당과장)은 해외부동산 고유번호를 부여하여 관리하여야 한다(국조사무규정 §28 ④).

(2) 고유번호증의 발급 및 관리와 처분 처리

① 고유번호증의 발급과 관리

국세청장 등이 해외현지기업 고유번호를 새로 부여한 경우에는 납세자에게 고유번호증을 발급·교부하여야 한다(국조사무규정 §28의2). 그리고 납세지 관할 세무서장(세원관리담당과장)은 해외부동산 소유자 변경, 소재지 이전 등의 변동내역이 확인되는 경우 확인된 사항을 전산에 반영하여야 한다(국조사무규정 §28의4).

② 해외부동산의 처분 처리

납세지 관할 세무서장(세원관리담당과장)은 납세자가 해외부동산 처분을 증명하는 서류를 제출하는 경우에는 처분일자를 확인하여 전산으로 처분처리를 하여야 하며, 외국환거래규정 제9-40조(사후관리)에 따른 처분신고를 지정거래외국환은행의 장에게 할 수 있도록 안내한다(국조사무규정 §28의4).

■ 국제조세사무처리규정[별지 제9호서식] (2022.11.01 신설)

해외부동산 고유번호 신청서

접수번호	접수일	처리기간 즉시

신청인 (취득(소유)자)	성명(상호)		주민(사업자)등록번호	
	주소(소재지)		전화번호	
해외부동산 명세	부동산소재지 주소			
	부동산소재지 국가		부동산면적 건평( ), 대지( )	
	부동산종류	[ ]주택·아파트 [ ]상가·건물 [ ]토지 [ ]부동산에 관한 권리 [ ]기타( )		
	부동산취득목적	[ ]주거 [ ]투자 [ ]기타		
	신고수리번호(은행)			
해외부동산 취득내역	취득일자			
	소유지분(%)			
	총 취득금액	(외화)	($)	(원)
해외부동산 공동취득 명세	공동취득자 성명(상호)	주민(사업자)등록번호	거주지국	소유지분(%)

국제조세조정에관한법률 시행규칙 제56조 제2항에 근거하여 해외부동산에 대한 고유번호 발급을 신청합니다.

년 월 일

신청인 [서명 또는 인]

세무서장 귀하

증명발급 등을 위한 개인정보 수집·이용 동의

■ **개인정보 수집·이용 내역(개인정보보호법 제15조)**

(수집항목) 성명, 상호, 주소(사업장), 전화번호 (수집목적) 증명발급, 사후관리 등 (보유기간) 5년

위와 같이 개인정보 수집·이용하는데 동의하십니까? □ 동의 □ 미동의

■ **고유식별정보 수집·이용 내역(개인정보보호법 제24조)**

(수집항목) 주민등록번호, 외국인등록번호, 여권번호, (수집목적) 증명발급, 사후관리 등 (보유기간) 5년

위와 같이 고유식별정보를 수집·이용하는데 동의하십니까? □ 동의 □ 미동의

납세자 본인(서명 또는 인) : 위임받은 사람(서명 또는 인) :

■ **신청인이 만 14세미만 아동인 경우 위와 같이 개인정보 및 고유식별정보를 처리하는데 동의하십니까?(개인정보보호법 제22조)**

□ 동의 □ 미동의 본인(서명 또는 인) : 법정대리인(서명 또는 인) :

주민등록번호 수집근거 : 국세청은 국세기본법 시행령 제68조(민감정보 및 고유식별정보의 처리)에 따라 국세에 관한 사무를 수행하기 위하여 불가피한 경우 주민등록번호 등이 포함된 자료를 처리할 수 있습니다.

※ 동의를 거부할 권리가 있으며, 거부할 경우 증명발급 불가 등의 불이익이 따를 수 있습니다.

첨부서류	1. 해외부동산 매매(임차)계약서 사본 1부 2. 해외부동산 등기부등본 사본 1부 3. 그 밖의 증빙서류	수수료 없음

210㎜×297㎜[백상지 80g/㎡(재활용품)]

제3장

해외투자에 대한 세무

Ⅰ. 해외진출기업에 대한 세무

'해외진출기업'이란 해외에 지점, 연락사무소 또는 현지법인 등을 설치한 내국기업(거주자 포함)을 말하는데(국조사무규정 §2 6호), 거주자나 내국법인이 해외로 진출하면 투자상대국에서의 각종 신고 및 관리절차뿐만 아니라 과세문제도 발생한다. 특히, 원천지국 과세원칙에 따라 투자상대국에서 발생하는 소득에 대해서는 그 소득원천지국에서 과세를 할 것이고, 또한 거주지국인 우리나라에서도 거주자나 내국법인이 국외에서 얻은 소득에 대한 과세권을 행사하게 되므로 국제적인 이중과세문제가 발생할 수 있다. 즉, 비거주자나 외국법인이 우리나라에 투자를 하는 경우에 발생하는 세금문제와 유사한 문제가 우리나라 기업이 해외로 진출할 때 발생하게 된다. 따라서 거주자나 내국법인이 해외로 진출하는 경우 상대국의 세법과 해당국과의 조세조약뿐만 아니라 우리나라의 국내세법도 동시에 검토해야 한다.

1. 해외진출형태의 결정

거주자나 내국법인이 해외로 진출하는 경우 자본을 출자하는 방식으로 현지법인(Subsidiary Company)을 설립할 수 있고, 지점(Branch Office) 또는 연락사무소(Liaison Office)의 지사형태로 진출할 수도 있다. 해외로 진출하려는 기업은 해외진출목적이나 자금조달, 과세문제 등 여러 가지 요인을 고려하여 진출형태를 결정하여야 할 것이다. 특히, 투자상대국에서 기업의 진출형태에 따라 각종 규제나 혜택이 달라질 수 있으므로 사전에 관련 내용을 제대로 파악하는 것이 중요하다.

(1) 해외현지법인

해외현지법인은 일반적으로 종속회사라고 하는데, 국내에 있는 모회사가 국외에 자본을 출자하여 설립한 자회사라고 보면 된다. 그런데 해외현지법인은 투자상대국의 법에 따라 설립되는 법인이므로 비록 우리나라의 거주자나 내국법인이 투자하여 설립하였더라도 설립된 국가의 내국법인이 되고, 해당국의 세법에 따라 납세의무를 이행하여야 한다.

(2) 해외지사

① 지점

해외진출기업이 투자상대국에서 해외지점을 설치하는 경우 그 지점 소재 국가의 법령에 따라 투자신고나 지점등기 등을 해야 하지만, 투자상대국의 입장에서는 그 지점의 본점이 국외에 있으므로 외국법인에 해당한다. 그리고 일반적으로 지점은 영업활동을 통해 수익을 발생시킬 수 있으므로 그 해외지점은 영업활동을 하는 국가에서 고정사업장에 해당하고, 그 고정사업장에 귀속되는 원천소득에 대해서는 해당 국가의 세법에 따라 법인세를 신고·납부하여야 한다.

② 연락사무소

해외지사 중 연락사무소는 지점과는 달리 영업활동은 하지 못하고 단순히 업무연락이나 시장조사 등의 비영업적 기능만을 수행한다. 즉, 연락사무소는 투자상대국에서 독자적인 영업활동을 할 수 없고 해외진출기업의 해외 연락업무나 시장조사 등 영업과 관련 없는 보조적·부수적 업무만을 수행하게 된다. 따라서 해외진출기업의 해외연락사무소는 수익이 발생하지 않아 해당국에서 원천소득이 없으므로 법인세 신고·납부의무도 없게 된다.

2. 진출형태에 따른 장단점

(1) 현지법인형태로 진출 시 이점

해외진출기업이 현지법인형태로 해외에 진출하는 경우 지점형태로 진출하는 경우와 비교하여 다음과 같은 이점이 있을 수 있다.

① 해외현지법인은 투자상대국의 내국법인에 해당하기 때문에 해외지점과는 달리 일반적으로 투자상대국에서 자국의 내국법인에 부여하는 각종 조세감면혜택을 적용받을 수 있다.

② 현지법인의 경우 외투법인이기는 하지만 투자상대국의 법령에 따라 설립된 해당국의 내국법인이기 때문에 해외지점에 비해 현지 지역사회와의 유대관계나 이미지 제고가 용이할 수 있고, 자금조달면에서도 지점으로 진출하는 경우보다 유리할 수 있다.

③ 해외지점의 이익은 자동적으로 국내 본점의 이익과 합산되어 소득이 발생한 사업연도에 법인세가 과세되지만, 해외현지법인의 경우 이익에 대한 배당시기를 조절함으로써 과세이연효과를 가져올 수 있다. 즉, 해외현지법인의 이익을 바로 배당하지 않고 유보하는 경우 국내 모회사의 소득과 합산되어 과세되는 것을 이연시킬 수 있고, 또한 모회사에서 결손이 발생할 때에 해외현지법인의 이익을 배당함으로써 국내에서의 세금부담을 최소화할 수도 있다. 또한 필요한 경우에는 현지법인의 지분을 처분할 때까지 이익을 유보함으로써 잉여금을 배당소득이 아닌 주식양도소득의 형태로 모회사에 이전할 수도 있다.

④ 해외현지법인은 투자상대국에 설립된 법인으로서 특별한 경우가 아니라면 해외진출기업의 입장에서는 투자한 부분에 대해서만 유한책임을 지고, 또한 해당국에서의 세금신고나 자료제출 등도 원칙적으로 해당 현지법인의 사업활동에만 국한되므로 상대적으로 부담이 적을 수 있다.

⑤ 해외지점이 본점에 지급하는 사용료나 이자 등은 해당 지점의 과세소득 계산 시에 손금으로 인정되지 않는 경우가 많지만, 해외현지법인이 외국의 모회사에게 지급하는 경우에는 손금으로 인정받기가 쉽다.

⑥ 해외지점이 투자상대국에서 철수하면서 자산을 처분하여 처분이익이 발생하는 경우 일반적으로 그 소득원천지국에서 과세되지만, 해외현지법인의 지분처분에 따른 주식양도소득은 우리나라가 체결한 대부분의 조세조약에서 일정한 요건을 충족하면 소득원천지국에서 비과세하는 것으로 규정하고 있다.

(2) 지점형태로 진출 시 이점

해외지사 중 연락사무소의 경우 현지에서 영업활동을 할 수 없으므로 해외진출기업이 해외에서 수익을 발생시키는 활동을 해야 하는 경우에는 지점형태로 진출할 수밖에 없을 것이다. 따라서 해외지사 중 영업활동을 할 수 있는 해외지점으로 진출하는 경우와 해외현지법형태로 진출하는 경우를 비교해 볼 수 있는데, 지점형태로 진출하는 경우 현지법인형태로 진출하는 것에 비해 다음과 같은 이점이 있을 수 있다.

① 해외지점은 해외현지법인과는 달리 이익이 발생하는 사업연도에 자동적으로 국내 본점의 이익과 합산되기 때문에, 해외진출 초기에 사업손실이 발생하는 경우 지점으로 진출하는 것이 그 해외지점의 손실과 국내 본점의 이익을 상계할 수 있어 절세가 될 수 있다.
② 해외진출기업이 지점형태로 해외로 진출하는 경우 비록 투자상대국에서 지점등기 등을 해야 할 수 있지만, 현지법인형태로 진출하는 것에 비해 설치절차가 간편하고 비용부담도 적을 수 있다.
③ 해외지점의 경우 지점운영을 위하여 출연된 자산에 대해 일반적으로 투자상대국에서 자본세 등이 과세되지 않는 데 비해, 현지법인의 경우에는 자본금형태로 출자를 하기 때문에 대부분의 국가에서 자본세를 부과한다.
④ 현지법인으로 진출하는 경우에는 해당법인의 주주나 이사가 현지인일 것을 요건으로 하는 경우가 있으나, 지점의 경우에는 그런 요건을 부여하는 경우가 거의 없어서 편리할 수 있다.
⑤ 현지법인의 경우 그 이익을 국외 모회사에 분배하는 경우 조세조약상 제한세율을 적용받을 수는 있지만 원칙적으로 투자상대국에서 배당소득세를 원

천징수하게 된다. 그러나 지점의 경우에는 일부 국가에서 조세조약상 지점세(Branch Tax)를 부과하는 경우를 제외하고는 그 지점의 이익을 국외 본점으로 송금하는 경우에 추가로 과세하지 않는다.

3. 해외현지법인에 대한 세무

해외진출기업이 현지법인형태로 해외로 진출하는 경우 100%의 지분을 소유하는 자회사의 형태와 지분의 일부를 투자하는 합작투자형태로 나눌 수 있는데, 어느 경우에 해당하든 그 현지법인은 투자상대국의 내국법인에 해당되어 전 세계에서 발생되는 모든 소득에 대하여 그 투자상대국에서 무제한 납세의무를 부담하게 된다. 그리고 해외현지법인에서 발생된 이익은 바로 국내에 있는 모회사인 해외진출기업에 귀속되는 것이 아니라 배당절차를 통해 배분된다. 그런데 국내기업이 해외현지법인을 설립하는 경우 국내 모회사와 그 현지법인은 특수관계에 해당하기 때문에 당사자 간의 국제거래에 대해서는 이전가격문제가 발생한다. 그리고 해외현지법인이 국내 모회사에 이익을 배당하는 경우에는 조세조약상의 제한세율 적용과 직·간접외국납부세액공제문제가 발생한다. 또한, 해외진출기업인 국내 모회사가 해외현지법인에 대한 투자액을 회수하기 위해 지분을 처분하는 경우 주식양도소득에 대한 과세문제도 발생하게 된다.

(1) 이전가격세제문제

① 개요

해외현지법인을 두고 있는 다국적기업은 일반적으로 각국의 조세제도 등을 이용해 모회사와 자회사 등 특수관계기업 간에 소득과 비용의 국제적 배분을 통해 그룹의 전체적인 관점에서 세후소득의 극대화를 추구한다. 이를 위해 다국적기업은 국제거래를 통한 특수관계기업 간의 거래가격을 임의로 조정하여 조세회피를 시도할 수 있는데, 이로 인해 특정국에서의 조세수입이 일방적으로 감소될 수 있다. 이러한 다국적기업의 특수관계자 간의 국제거래를 통한 조세회피행위에 대응하기 위해 대부분의 국가들은 이전가격세제를 적용하고 있다. 특수관계기업에 대해 규정하고 있는 OECD모델조세조약 제9조에서도 특수관계기업 간의 거래가

특수관계가 없는 독립기업 간의 거래가격과 비교하여 다른 가격의 거래로 인하여 일방 기업의 소득이 부당히 감소된 것으로 인정되는 경우에는 과세당국에 의하여 소득을 재계산하여 과세할 수 있는 것으로 규정하고 있다. 따라서 해외진출기업의 입장에서는 투자상대국의 세법과 조세조약 등의 검토를 통해 이전가격세제에 대한 검토를 할 필요가 있다.

특히, 최근 각국의 과세당국은 다국적기업의 특수관계기업 간의 상품매매, 자금융자나 특허권계약 등의 거래가 사업적 동기가 아닌 단순히 탈세목적인지 여부에 대해서 조사할 수 있는 제도적 장치들을 마련하고 있다. 이런 점을 감안하여 이전가격문제와 관련하여 불의의 피해를 방지하기 위해 가능하면 모든 거래는 서면으로 근거와 기록을 남기고, 관련 법령이나 기업내부 규정에 따른 적정한 절차(이사회나 주주총회의 승인 등)를 거치는 것이 필요할 것이다. 그리고 특수관계기업 간 거래 시 적용할 이전가격을 책정함에 있어서는 과세당국의 조사에 대비하여 정상가격(Arm's Length Price)임을 뒷받침할 수 있는 자료들도 구비해 놓을 필요가 있다.

참고: 정상가격인지 여부에 대한 입증책임 관련 사례(서울행법2021구합69158, 2023.11.10.)

과세관청이 거주자와 국외 특수관계자 사이의 거래에 대하여 국제조세조정법 제4조 제1항을 적용하여 정상가격을 기준으로 과세처분을 하기 위해서는 납세의무자에 대한 자료제출 요구 등을 통하여 수집한 자료를 토대로 비교가능성 등을 고려하여 가장 합리적인 정상가격 산출방법을 선택하여야 하고, 비교되는 상황 사이의 차이가 비교되는 거래의 가격이나 순이익에 중대한 영향을 주는 경우에는 그 차이를 합리적으로 조정하여 정상가격을 산출하여야 하며, 과세처분의 기준이 된 정상가격이 이와 같은 과정을 거쳐 적법하게 산출되었다는 점에 대한 증명책임은 과세관청에 있다(같은 뜻: 대법원 2012. 12. 26. 선고 2011두6127 판결).

한편, 국제조세조정법 제11조, 제13조, 국제조세조정법 시행령 제7조, 제23조 등에 의하면, 국외 특수관계자와 국제거래를 행하는 납세의무자는 국제거래명세서를 제출할 의무, 가장 합리적인 정상가격 산출방법을 선택하고 선택된 방법 및 이유를 과세표준 및 세액의 확정신고 시 제출할 의무, 정상가격 산출방법과 관련하여 필요한 자료를 비치 · 보관할 의무 등을 부담한다. 따라서 과세관청이 스스로 위와 같은 정상가격의 범위를 찾아내 고려해야만 하는 것은 아니므로, 국외 특수관계자와의 이전가격이 과세관청이 최선의 노력으로 확보한 자료에 기초하여 합리적으로 산정한 정상가격과 차이를 보이는 경우에는 비교 가능성이 있는 독립된 사업자 간의 거래가격이 신뢰할 만한 수치로서 여러 개 존재하여 정상가격의 범위를 구성할 수 있다는 점 및 당해 국외 특수관계자와의 이전가격이 정상가격의 범위 내에 들어 있어 경제적 합리성이 결여된 것으로 볼 수 없다는 점에 관한 증명의 필요는 납세의무자에게 돌아가는 것임(대법원 2014. 9. 4. 선고 2012두1747, 1754 판결).

② 정상가격에 의한 과세조정

국제조세조정에 관한 법률에서는 거래 당사자의 어느 한쪽이 국외특수관계인인 국제거래에서 그 거래가격이 정상가격보다 낮거나 높은 경우 거주자 등(내국법인 및 외국법인의 국내사업장 포함)은 정상가격을 기준으로 조정한 과세표준 및 세액을 다음 중 어느 하나에 해당하는 기한까지 납세지 관할 세무서장에게 신고하거나 경정청구를 할 수 있도록 하고 있고(국조법 §6 ①), 과세당국도 거주자와 국외특수관계인 간의 국제거래에서 그 거래가격이 정상가격보다 낮거나 높은 경우에는 정상가격을 기준으로 거주자의 과세표준 및 세액을 결정하거나 경정할 수 있는 이전가격세제에 대하여 규정하고 있다(국조법 §7 ①). 따라서 국외특수관계인과 국제거래를 하는 거주자 등은 국내특수관계인과의 거래 시 부당행위에 해당되는지 여부를 검토하듯이 이전가격문제를 검토해야 한다.

ⓐ 소득세법 제70조 · 제70조의2 · 제71조 · 제73조 · 제74조 또는 법인세법 제60조 제1항 · 제76조의17 제1항에 따른 신고기한

ⓑ 국세기본법 제45조에 따른 수정신고기한

ⓒ 국세기본법 제45조의2 제1항에 따른 경정청구기한

ⓓ 국세기본법 제45조의3 제1항에 따른 기한 후 신고기한

③ 법인세법 등의 부당행위계산의 부인 규정의 적용 여부

법인세법이나 소득세법에서는 거주자나 내국법인의 행위 또는 계산이 국내특수관계인과의 거래로 인해 조세부담을 부당하게 감소시킨 것으로 인정되는 경우에

납세지 관할 세무서장 등이 소득금액을 계산할 수 있는 부당행위계산의 부인제도를 두고 있는데, 국조법상 국외특수관계인 간의 거래로 인해 이전가격세제가 적용되는 경우에는 다음에서 정하는 경우를 제외하고는 법인세법 제52조나 소득세법 제41조의 부당행위계산의 부인 규정은 적용되지 않는다(국조법 §4 ②, 국조령 §4).

ⓐ 자산을 무상으로 이전(현저히 저렴한 대가를 받고 이전하는 경우는 제외함)하거나 채무를 면제하는 경우

ⓑ 수익이 없는 자산을 매입하였거나 현물출자를 받았거나 그 자산에 대한 비용을 부담한 경우

ⓒ 출연금을 대신 부담한 경우

ⓓ 다음 중 어느 하나에 해당하는 자본거래로 인하여 주주 등(소액주주 등은 제외함)인 법인이 특수관계인인 다른 주주 등에게 이익을 분여한 경우

- 특수관계인인 법인 간의 합병(분할합병 포함)에 있어서 주식 등을 시가보다 높거나 낮게 평가하여 불공정한 비율로 합병한 경우. 다만, 자본시장과 금융투자업에 관한 법률 제165조의4에 따라 합병(분할합병 포함)하는 경우는 제외한다.
- 법인의 자본(출자액 포함)을 증가시키는 거래에 있어서 신주(전환사채·신주인수권부사채 또는 교환사채 등 포함)를 배정·인수받을 수 있는 권리의 전부 또는 일부를 포기(그 포기한 신주가 자본시장과 금융투자업에 관한 법률 제9조 제7항에 따른 모집방법으로 배정되는 경우는 제외함)하거나 신주를 시가보다 높은 가액으로 인수하는 경우
- 법인의 감자에 있어서 주주 등의 소유주식 등의 비율에 의하지 아니하고 일부 주주 등의 주식 등을 소각하는 경우

ⓔ 위 ⓓ 외의 경우로서 증자·감자, 합병(분할합병 포함)·분할, 상속세 및 증여세법 제40조 제1항에 따른 전환사채 등에 의한 주식의 전환·인수·교환 등 자본거래를 통해 법인의 이익을 분여하였다고 인정되는 경우. 다만, 법인세법 시행령 제19조 제19호의 2 각 목 외의 부분에 해당하는 주식매수선택권 등 중 주식매수선택권의 행사에 따라 주식을 발행하는 경우는 제외한다.

참고: 국제조세조정에 관한 법률 제2조 제1항 제3호에 따른 특수관계의 범위

국조법상 "특수관계"란 다음 중 어느 하나에 해당하는 관계를 말하는데, 그 세부 기준은 국조법 시행령 제2조에서 규정하고 있다.

① 거래 당사자 중 어느 한쪽이 다른 쪽의 의결권 있는 주식(출자지분을 포함한다. 이하 같다)의 50퍼센트 이상을 직접 또는 간접으로 소유하고 있는 경우 그 거래 당사자 간의 관계

② 제3자와 그 친족 등(4촌 이내의 혈족, 3촌 이내의 인척, 배우자, 친생자로서 다른 사람에게 친양자 입양된 자 및 그 배우자 · 직계비속, 본인이 민법에 따라 인지한 혼인 외 출생자의 생부나 생모중 본인의 금전이나 그 밖의 재산으로 생계를 유지하는 사람) 거래 당사자 양쪽의 의결권 있는 주식의 50퍼센트 이상을 직접 또는 간접으로 각각 소유하고 있는 경우 그 거래 당사자 간의 관계

③ 거래 당사자 간에 자본의 출자관계, 재화 · 용역의 거래관계, 금전의 대차관계 등에 따라 소득을 조정할 만한 공통의 이해관계가 있고, 거래 당사자 중 어느 한쪽이 다른 쪽의 사업 방침을 실질적으로 결정할 수 있는 경우 그 거래 당사자 간의 관계

④ 거래 당사자 간에 자본의 출자관계, 재화 · 용역의 거래관계, 금전의 대차관계 등에 따라 소득을 조정할 만한 공통의 이해관계가 있고, 제3자가 거래 당사자 양쪽의 사업 방침을 실질적으로 결정할 수 있는 경우 그 거래 당사자 간의 관계

(2) 현지법인으로부터의 배당에 대한 과세문제

① 제한세율의 적용

해외진출기업의 해외현지법인은 국내 모회사와는 법적으로 별개의 실체이므로 현지법인에서 발생된 이익은 바로 국내의 모회사의 소득으로 귀속되지 않고 해외현지법인이 배당결정을 할 때 모회사의 소득으로 된다. 이렇게 해외현지법인이 배당결정을 하게 되면 소득원천지국인 그 현지법인이 소재하고 있는 국가에서 해당국의 세법에 따라 배당소득으로 과세를 하게 될 것이다. 그런데 우리나라가 체결한 대부분의 조세조약에서는 배당의 수취인이 그 배당의 수익적 소유자인 경우에 배당을 받는 수익적 소유자의 유형이나 지분비율 등에 따라 일정한 세율을 초과하여 과세할 수 없도록 제한세율에 대하여 규정하고 있다. 따라서 해외현

지법인이 배당을 하는 경우에는 우리나라와 체결된 조세조약이 있는지 확인하고 그 조세조약에서 정하고 있는 제한세율을 적용하여 현지에서 배당소득세를 원천징수하면 된다.

② 이중과세 방지를 위한 직접 및 간접외국납부세액공제

해외현지법인이 국내 모회사에 배당을 하게 되면 국내 모회사는 우리나라에서 법인세 신고를 할 때 해외현지법인으로부터 받은 그 배당소득을 합산하여 세금계산을 하여야 한다. 이 경우 해외현지법인이 배당을 하면서 소득원천지국인 투자상대국에서 원천징수한 배당소득세는 국내 모회사의 입장에서는 직접외국납부세액으로서 국내 모회사의 법인세 계산 시에 외국납부세액공제나 손금산입방법 중 하나의 방법을 통해 국제적 이중과세를 조정하게 된다. 그런데 해외현지법인이 현지에서 그 소득에 대해 법인세를 납부한 후의 세후 이익을 배당하여 국내 모회사의 소득으로 귀속되는 배당소득은 우리나라에서도 모회사의 소득으로 법인세가 과세되므로 결국 동일한 소득에 대하여 경제적으로 이중과세가 발생한다. 따라서 해외진출기업이 투자상대국에서 발생된 배당소득에 대하여 원천징수를 통해 직접납부한 세액에 대한 공제뿐만 아니라, 현지법인이 배당하는 이익에 대하여 그 현지법인이 투자상대국에서 납부한 법인세인 간접외국납부세액에 대한 이중과세의 조정도 필요하게 된다.

현행 법인세법에서도 해외현지법인인 외국자회사로부터 받은 수입배당금액이 내국법인의 각 사업연도 소득에 포함되어 있는 경우에는 다음 산식에 의하여 계산한 금액을 세액공제 또는 손금산입되는 외국법인세액으로 본다고 규정하고 있다(법인법 §57 ④, 법인령 §94 ⑧). 이 경우 외국자회사란 내국법인이 의결권 있는 발행주식총수 또는 출자총액의 10%(조세특례제한법 제22조에 따른 해외자원개발사업을 하는 외국법인의 경우에는 5%) 이상을 해당 외국자회사의 배당확정일 현재 6개월 이상 계속하여 보유하고 있는 법인을 말한다(법인법 §57 ⑤, 법인령 §94 ⑨).

$$\text{공제한도금액} = \text{외국자회사의 해당 사업연도 법인세액} \times \frac{\text{수입배당금액}}{\text{외국자회사의 해당 사업연도 소득금액} - \text{외국자회사의 해당 사업연도 법인세액}}$$

(3) 주식양도소득에 대한 과세문제

해외진출기업이 자본을 출자하여 해외현지법인을 설립하였다가 그 투자액을 회수하기 위해 지분을 처분하는 경우 주식양도로 인한 세금문제가 발생한다. 일반적으로 소득원천지국인 해외현지법인이 소재하는 투자상대국에서 주식양도차익에 대하여 과세할 것이고, 그 주식양도소득은 국내 모회사의 소득으로 귀속되어 국내에서도 법인세를 부담하게 된다. 그런데 예외가 있기는 하지만 우리나라가 체결한 대부분의 조세조약에서는 주식양도소득에 대해서는 소득원천지국인 투자상대국이 아닌 거주지국에서만 과세할 수 있도록 규정하고 있다. 결국 조세조약상 주식양도소득에 대한 과세권이 소득원천지국에 배분되어 있거나 또는 조세조약에 주식양도소득에 관한 규정이 없는 경우에만 소득원천지국에서 해당국의 세법에 따라 과세할 수 있는 것이다. 따라서 해외현지법인의 주식을 양도하는 경우에는 투자상대국과 체결한 조세조약에 주식양도소득에 대한 규정이 있는지 검토할 필요가 있다.

4. 해외지사에 대한 세무

(1) 고정사업장 해당 여부의 판정

고정사업장(PE: Permanent Establishment)이란 기업이 사업의 전부 또는 일부를 수행하는 고정된 장소를 말하는데, 일반적으로 사업장소의 존재 유무와 기간적 고정성 여부, 그 장소를 통한 사업활동의 여부 등을 고려해 실질적으로 고정사업장으로 판단되면 명칭여하를 불문하고 고정사업장으로 본다. 현행 소득세법이나 법인세법 등 국내세법뿐만 아니라 우리나라가 체결한 대부분의 조세조약에서도 고정사업장의 범위에 대하여 규정하고 있다. 해외진출기업의 해외지점이나 해외연락사무소 등 해외지사가 소재하는 국가에서 발생하는 소득에 대해서는 고정사업장 존재 여부와 해당 소득이 그 고정사업장을 통해 발생했는지 여부에 따라 소득원천지국에서의 과세 여부와 과세방법 등이 달라지게 되므로 해외지사의 고정사업장 해당 여부가 중요하다. 그리고 해외진출기업의 해외지점은 국내 본점의 고정사업장에 해당되는지 여부도 따져 봐야 하는데, 국내 본점이 투자상대국에 있는 해외지점을 통하지 않고 직접 그 국가에 있는 거래처에 재화나 용역을 제공하고 받는 소득은 해당 해외지점의 소득으로 귀속되지 않기 때문에 해당 지점의 소득으로 과세되지 않는다. 다만, 이런 경우에는 그 소득원천지국에서 외국에 있는 소득자에게 소득을 지급하는 자가 현지의 세법과 조세조약에 따라 세금을 원천징수하게 될 것이다.

① 사업소득에 대한 과세권 여부와 과세방법의 차이

OECD 모델조세조약 제7조 제1항에 따르면, 사업소득은 "일방체약국의 기업의 이윤은 그 기업이 타방체약국 내에 소재하는 고정사업장을 통하여 동 타방체약국 내에서 사업을 영위하지 아니하는 한 그 일방체약국에서만 과세된다. 그리고 그 기업이 그런 사업을 영위하는 경우에 그 기업의 이윤 중 그 고정사업장에 귀속시킬 수 있는 부분에 대해서만 동 타방체약국에서 과세될 수 있는 것"으로 규정하고 있다. 따라서 해외진출기업의 해외지사가 조세조약이 체결되어 있는 투자상대국에서 고정사업장이 없는 것으로 판정되거나 그 고정사업장에 귀속되지 않는 사업소득이 발생하는 경우 소득원천지국에서는 과세되지 않을 수 있다. 그런데 투자상대국에 해외진출기업의 고정사업장이 있고 그 고정사업장에 귀속되는 소득이 발생하는 경우에는 그 소득에 대해 일반적으로 종합하여 과세된다. 그리고 해외지사가 소재한 국가에서 과세되는 소득이 발생하는 경우에도 고정사업장이 없는 경우에는 일반적으로 현지에서 그 소득을 지급하는 자가 원천징수하여 납부함으로써 납세의무가 종결된다.

② 투자소득에 대한 비과세나 제한세율의 적용 여부

우리나라가 체결한 대부분의 조세조약에서는 이자소득이나 배당소득, 사용료

소득 등 투자소득에 대해서는 소득이 발생하는 원천지국에서 비과세하거나 국내세법보다 낮은 세율로 과세하는 제한세율에 대하여 규정하고 있다. 그런데 투자상대국에 고정사업장이 있고 해외진출기업의 투자소득이 그 고정사업장에 귀속되는 경우에는 사업소득으로 보아 제한세율이 적용되지 않고 종합과세된다.

참고: 외국법인의 국내사업장(법인세법 집행기준: 94-0-1)

해외진출기업의 해외지사가 해당 진출국에서 고정사업장에 해당되는지 여부는 해당국의 국내세법과 해당국과의 조세조약 등에 따라 결정되겠지만, 고정사업장 해당 여부에 대한 일반적인 판단기준은 비슷하므로 참고로 법인세법상의 국내사업장 기준을 살펴보면 다음과 같다.

구분	내용
국내사업장	외국법인이 국내에 사업의 전부 또는 일부를 수행하는 다음과 같은 고정된 장소
	① 지점 · 사무소 또는 영업소 ② 상점 기타의 고정된 판매장소 ③ 작업장 · 공장 또는 창고 ④ 6월을 초과하여 존속하는 건축장소, 건설 · 조립 · 설치공사의 현장 또는 이와 관련되는 감독활동을 수행하는 장소 ⑤ 고용인을 통하여 용역을 제공하는 경우로서 아래에 해당되는 장소 ⓐ 용역의 제공이 계속되는 12월 기간 중 합계 6월을 초과하는 기간동안 용역이 수행되는 장소 ⓑ 용역의 제공이 계속되는 12월 기간 중 합계 6월을 초과하지 아니하는 경우로서 유사한 종류의 용역이 2년 이상 계속적 · 반복적으로 수행되는 장소 ⑥ 광산 · 채석장 또는 해저천연자원 기타 천연자원의 탐사 및 채취장소
간주 국내사업장	외국법인이 고정된 장소를 가지고 있지 아니한 경우에도 다음에 해당하는 자(종속대리인)를 두고 사업을 경영하는 경우에는 종속대리인의 사업장 소재지(주소지, 거소지)에 국내사업장을 둔 것으로 봄
	① 국내에서 외국법인을 위하여 외국법인 명의 계약 등을 체결할 권한을 가지고 그 권한을 반복적으로 행사하는 자 ② 국내에서 외국법인을 위하여 외국법인 명의 계약 등을 체결할 권한을 가지고 있지 않더라도 체결하는 과정에서 중요한 역할(외국법인이 계약의 중요사항을 변경하지 아니하고 계약을 체결)을 반복적으로 수행

	하는 자 ③ 외국법인의 자산을 상시 보관하고 관례적으로 이를 배달 또는 인도하는 자 ④ 중개인 · 일반위탁매매인 기타 독립적 지위의 대리인으로서 주로 특정 외국법인만을 위하여 계약체결 등 사업에 관한 중요한 부분의 행위를 하는 자(이들이 자기사업의 정상적인 과정에서 활동하는 경우를 포함) ⑤ 보험사업(재보험사업은 제외)을 영위하는 외국법인을 위하여 보험료를 징수하거나 국내소재 피보험물에 대한 보험을 인수하는 자
국내사업장에 해당하지 않는 장소	다음의 장소(특정활동장소)에서 수행되는 활동이 예비적 또는 보조적인 성격을 가진 경우로 한정
	① 외국법인이 자산의 단순한 구입만을 위하여 사용하는 일정한 장소 ② 외국법인이 판매를 목적으로 하지 아니하는 자산의 저장 또는 보관을 위하여서만 사용하는 일정한 장소 ③ 외국법인이 광고 · 선전 · 정보의 수집과 제공 · 시장조사, 그 밖에 이와 유사한 활동만을 위하여 사용되는 일정한 장소 ④ 외국법인이 자기의 자산을 타인으로 하여금 가공하게 하기 위하여만 사용하는 일정한 장소

(2) 해외지점의 납세의무

해외진출기업의 해외지점은 일반적으로 투자상대국에서 영업활동을 수행함으로써 고정사업장에 해당되기 때문에 고정사업장에 해당하는 그 해외지점에 귀속되는 소득에 대해서는 소득원천지국의 세법에 따라 납세의무를 이행해야 한다. 그리고 동시에 그 해외지점은 내국법인인 해외진출기업의 일부에 해당하므로 지점에서 발생한 손익사항이 국내 본점의 결산에 합산되어서 우리나라에서 법인세를 신고 · 납부하여야 한다. 이 경우 그 해외지점의 소득에 대해 투자상대국에서 납부한 세금은 국제적 이중과세를 조정하기 위해 우리나라에서 법인세를 계산할 때 외국납부세액공제를 받거나 손금으로 산입할 수 있다.

한편, 외화로 표시된 해외지점의 재무제표를 국내 본점의 재무제표와 합산하기 위해 원화로 환산하는 기준은 다음 중 하나의 방법을 선택하여 사용할 수 있다. 이 경우 한번 선택한 방법은 그 후 사업연도에 있어서 계속 적용하여야 한다(법인집행 42-76-4).

① 외화표시 재무제표를 다음에 게기하는 기준일(기준일이 속하는 달의 말일 포함) 현재의 매매기준율 등에 따라 환산하는 방법

구 분		기준일
재무상태표 항목	화폐성 자산·부채	해당 사업연도 종료일
	기타의 항목	취득일 또는 발생일
손익계산서 항목	현금 수수거래	거래의 발생일
	화폐성 자산·부채와 손익계정이 대체되는 경우	대체거래 발생일
	기타의 재무상태표 항목과 손익계정이 대체되는 경우	당초 취득일 또는 발생일

② 외화표시 재무제표 중 재무상태표 항목은 사업연도 종료일 현재의 매매기준율 등으로 하고, 손익계산서 항목은 해당 사업연도의 평균 매매기준율 등에 따라 환산하는 방법

③ 외화표시 재무제표의 모든 항목은 해당 사업연도 종료일 현재의 매매기준율 등에 따라 환산하는 방법

(3) 해외연락사무소의 납세의무

해외연락사무소는 해외지점과는 달리 영업활동은 하지 않고 단순히 거래처와 국내 본점과의 업무연락이나 시장조사, 정보수집 등의 비영업적 기능만을 수행한다. 이렇게 해외연락사무소는 투자상대국에서 영업활동을 수행하지 않기 때문에 현지에서 사업소득에 대한 과세문제는 발생하지 않는 것이 일반적이다. 다만, 해외연락사무소에 근무하는 임직원이나 연락사무소의 외부에 지급하는 인적용역소득 등이 있는 경우에는 투자상대국의 세법에 따라 근로소득세나 사업소득세 등을 원천징수해서 납부할 의무는 발생할 수 있다. 이렇게 해외진출기업의 해외연락사무소가 현지에서 영업활동은 하지 않지만 국내 본점의 업무를 수행하기 때문에 현지에서 발생한 비용은 국내 본점의 비용으로 처리될 수 있는데, 이를 위해 관련 증빙들을 잘 챙기고 기록을 제대로 할 필요가 있다.

한편, 해외진출기업의 해외연락사무소가 현지에서 거래처와의 상담활동이나

판매활동 등을 수행하는 경우 투자상대국의 과세당국이 고정사업장에 해당되는 것으로 판단함으로써 과세문제가 발생할 수 있다. 따라서 해외연락사무소가 현지에서 영업활동으로 볼 수 있는 활동을 하게 되는 경우 고정사업장 해당 여부를 검토해서 추후에 발생할 수 있는 과세문제에 대비할 필요가 있다.

5. 해외주재원에 대한 세무

(1) 거주지국의 결정

국내기업이 해외로 진출하는 경우 해당 해외현지법인이나 해외지사에 파견된 직원에 대한 과세 여부는 그 파견된 직원이 어느 나라의 거주자에 해당되는지에 따라 달라진다. 대부분의 국가에서 거주자에 대해서는 거주지국 과세원칙에 따라 국내외에서 발생하는 모든 과세대상소득에 대하여 과세를 하고, 비거주자의 경우에는 원천지국 과세원칙에 따라 과세대상 국내원천소득에 대해서만 그 국가에서 세금을 부과한다. 현행 소득세법상 거주자(Resident)란 국내에 주소를 두거나 183일 이상의 거소를 둔 개인을 말하고, 비거주자(Non-Resident)란 거주자가 아닌 개인을 말한다(소득법 §1의2 ①). 그리고 거주자나 내국법인의 국외사업장 또는 해외현지법인(내국법인이 발행주식 총수 또는 출자지분의 100%를 직접 또는 간접 출자한 경우에 한정함) 등에 파견된 임원 또는 직원은 거주자로 본다(소득령 §3). 이에 따라 해외로 진출한 국내기업의 해외주재원이 한국 거주자에 해당되면 그 직원은 거주지국인 우리나라에서는 전 세계 소득에 대하여 무제한 납세의무를 지게 된다. 반대로 그 해외주재원이 주재하는 국가의 거주자가 되는 경우에는 그 국가에서 발생하는 소득뿐만 아니라 그 국가 밖에서 발생하는 소득에 대해서도 과세하지만, 우리나라에서는 국내원천소득에 대해서만 과세할 수 있다.

참고: 해외파견직원의 거주자 여부 판정 사례

① 내국법인이 100% 출자한 해외현지법인 파견 직원의 거주자 여부 및 이중거주자인 경우 거주지국 판정 방법

내국법인의 100% 해외현지법인에 파견된 임직원은 「소득세법 시행령」 제3조에 따

라 국내 거주자에 해당하고, 만일, 상기 거주자가 양국의 거주자인 경우에는 조세조약에 따라 거주지 국가 판단함(사전법규국조2025-425, 2025.06.17.)

② 해외 파견직원의 「소득세법」상 거주자 여부 판정

내국법인 소속직원으로서 외국법인에 파견된 직원이 국외에 1년 이상 거주할 직업을 가지고 출국하더라도 생활의 근거지가 국내에 있는 경우 해당 파견직원은 소득세법 제1조의2에 따른 거주자에 해당하는 것인바, 이에 해당하는지는 사실관계 등을 종합적으로 조사·확인하여 판단할 사항임(서면국제세원2024-4854, 2025.04.15.)

③ 외국법인 본점에 파견근무한 직원이 국내 거주자에 해당하는지 여부

대한민국 국적을 가진 거주자(외국영주권자가 아님)가 외국은행 국내지점에 고용되어 근무하다가 외국은행 본점에 1년 이상 파견근무하면서 근로소득은 외국은행 본점에서 지급받고 퇴직급여충당금은 외국은행 국내지점에서 적립하는 경우 동 거주자는 「소득세법」 제1조의2 제1항 제1호, 같은 법 시행령 제2조 및 제3조에 따라 거주자로 보는 것임(국제세원-364, 2010.08.09.)

(2) 한국 거주자인 경우

국내기업의 해외사업장에서 근무하는 임직원이 우리나라의 거주자에 해당되면 비록 국내에서 근무하지 않고 급여도 국외에서 지급되더라도 우리나라에서 과세되는데, 이 경우 해당 임직원의 주재국에서도 그 주재국에서 근무함으로써 발생하는 소득에 대하여 용역수행지국 과세원칙에 따라 과세를 할 것이므로 국제적 이중과세문제가 발생한다. 현행 국내세법이나 우리나라가 체결한 대부분의 조세조약에서는 외국납부세액공제 등 국제적 이중과세를 조정하는 방법을 규정하고 있다. 그리고 현행 소득세법에서는 거주자의 국외근로소득에 대해서는 일정금액을 비과세하는 규정도 두고 있다.

① 국외 근로소득에 대한 비과세

현행 소득세법에 따르면 거주자가 국외에서 근로를 제공하고 받는 보수 중 월 100만원[국외 건설현장 등에서 근로(설계 및 감리 업무 포함)를 제공하고 받는 보수의 경우에는 월 500만원] 이내의 금액은 비과세로 규정하고 있다(소득법 §12 3호 거목, 소득령 §16 ①). 이 경우 국외근로의 대가로 받는 보수에는 그

근로의 대가를 국내에서 받는 경우를 포함한다(소득령 §16 ②). 그리고 국외 건설현장 등은 국외 등의 건설공사 현장과 그 건설공사를 위하여 필요한 장비 및 기자재의 구매, 통관, 운반, 보관, 유지 · 보수 등이 이루어지는 장소를 포함한다(소득칙 §8 ②).

해외주재원의 국외근로소득에 대한 비과세한도는 월별로 적용하는데 거주자가 국내에서 근무하다가 새로 국외근로를 시작하거나 국외근무를 하다가 귀국하여 국내에서 근무를 하게 되는 경우 국외근무기간이 1개월이 안 될 수 있는데, 이렇게 국외근무기간이 1개월 미만인 경우에는 1개월로 보아 비과세한도를 적용한다(원천-601, 2009.7.13.). 또한, 국외근무를 하는 해당 월의 국외근로소득이 월별 비과세한도금액 이하인 경우에는 그 급여액을 한도로 비과세한다(소득 46011-51, 2000.1.12.). 한편, 비과세되는 거주자의 국외근로소득에는 국내에서 지급하는 국외근로소득이 포함되고(국제세원-554, 2011.11.28.), 내국법인에 고용된 거주자인 외국인근로자가 국외에 파견되어 국외에서 근로를 제공하는 경우에도 국외근로소득에 대한 비과세 규정이 적용된다(소득집행 12-16-1).

참고: 국외근로소득 관련 사례

① **해외연수 중에 받는 급여의 국외근로소득 해당 여부**

소득세가 비과세되는 '국외에서 근로를 제공하고 받는 보수'는 해외에 주재하면서 근로를 제공하고 받는 급여를 말하며, 출장, 연수 등을 목적으로 출국한 기간 동안의 급여상당액은 국외근로소득으로 보지 아니한다(소득통 12-16-1).

② **수출제품의 설치 등을 위한 출장기간의 급여의 국외근로소득 해당 여부**

'국외에서 근로를 제공하고 받는 보수'란 해외에 주재(연락사무소 포함)하면서 근로를 제공하고 받는 급여를 말하는 것이므로, 해외수출품에 대한 현지 설치, 시운전 등을 위하여 해외에 파견된 기간 동안의 급여상당액은 국외근로소득으로 보지 아니함(원천-553, 2011.9.5.).

③ **국외근로 비과세 적용자의 식대 비과세 적용 여부**

국외근로소득에 대한 비과세를 적용받고 있는 해외파견 근로자가 월 10만원(현재는 20만원) 이하의 식사대를 그 사용자인 내국법인으로부터 지급받는 경우 해당 식사대에 대하여는 소득세 비과세를 적용받을 수 있음(원천-616, 2009.7.16.).

> ④ 국외 건설현장 근로자의 국외근로소득 비과세 적용
>
> 국외 건설공사를 위하여 건축설계 업무 수행 목적으로 설립된 현지 지사사무실도 "국외 등의 건설현장 등"으로 볼 수 있고, 해당 장소에서 건축설계 업무를 수행하는 근로자가 받는 보수 중 월 500만원 이내의 금액은 비과세 소득에 해당하는 것임(서면원천2024-2921, 2024.09.25.).

② 이중과세 조정을 위한 외국납부세액공제

거주자나 내국법인이 투자한 해외사업장에 근무하는 한국 거주자에 대해서는 동일한 근로소득에 대해 소득원천지국인 그 주재국과 거주지국인 우리나라에서 동시에 과세함으로써 국제적 이중과세가 발생할 수 있다. 그런데 특정국과 조세조약이 체결되어 있는 경우에는 그 조세조약이 국내세법에 우선하여 적용되는데, 현재 우리나라가 체결한 대부분의 조약에서는 해외파견 직원의 근로소득에 대해서 비록 그 주재국에서 소득이 발생하더라도 연간 183일 이하 단기체류 등의 요건을 충족하는 경우 소득원천지국에서는 과세하지 않고 거주지국에서만 과세하는 것으로 되어 있다. 물론 한국의 거주자가 주재하고 있는 주재국과 체결한 조세조약이 없거나 조세조약이 체결되어 있다고 하더라도 조세조약에서 규정하고 있는 비과세요건을 충족하지 못하는 경우에는 용역이 수행되어 소득이 발생하는 그 주재국에서 과세될 것이고, 그 거주자의 거주지국인 우리나라에서도 과세가 되므로 이중과세가 발생하게 된다. 이렇게 발생된 이중과세를 조정하기 위해 현행 소득세법에서는 거주자의 종합소득금액에 국외원천소득이 합산되어 있는 경우로서 그 국외원천소득에 대하여 외국에서 외국소득세액을 납부하였거나 납부할 것이 있는 때에는 외국납부세액공제방법과 외국납부세액의 필요경비산입방법 중 하나를 선택하여 적용받을 수 있도록 규정하고 있다(소득법 §57 ①). 이 경우 외국납부세액공제는 정부 간의 조세조약 체결여부와 관계없이 현행 국내세법에 따라 적용받을 수 있다(소득통 57-0-2).

참고: 외국납부세액공제 관련 사례

① **국외근로소득에 대한 외국납부세액공제한도 계산 시 근로소득공제액의 차감 여부**
국내근로소득과 국외근로소득이 있는 거주자가 소득세법 제57조 제1항 제1호에 따라 국외근로소득에 대한 외국납부세액공제를 적용하는 경우, 세액공제한도 계산을 위한 국외근로소득은 같은 법 제47조 제5항에 따라 계산한 근로소득공제액 중 국외근로소득에 대응되는 근로소득공제액을 해당 국외근로소득에서 차감하여 계산하여야 함(국제세원-381, 2012.8.23.)

② **조세조약에 따라 적정하게 납부된 세액이 아닌 경우 외국납부세액공제 적용 여부**
내국법인의 베트남 파견 직원이 내국법인으로부터 수취하는 소득에 대하여 베트남 세법에 따라 원천징수된 세액이 한·베트남 조세조약 제15조에 따라 적정하게 납부된 세액에 해당하지 아니한 경우에는 소득세법 제57조에 따른 외국납부세액공제를 적용받을 수 없음(국제세원-527, 2015.5.12.)

③ **외국법인으로부터 부여받은 스톡옵션을 국내지점 근무기간 중에 행사하여 얻은 이익의 소득구분과 외국납부세액공제 적용 여부**
비거주자인 근로자가 외국법인으로부터 스톡옵션을 부여받아 국내지점 근무기간 중에 스톡옵션을 행사하여 얻은 이익은 국내원천소득에 해당되고 외국납부세액공제 규정은 적용받을 수 없음(서면2팀-849, 2006.5.15.)

(3) 주재국의 거주자인 경우

현행 국내세법이나 대부분의 조세조약에서 근로소득에 대해서는 용역수행지국에서 과세할 수 있는 것으로 규정하고 있기 때문에 비거주자가 우리나라 거주자나 내국법인의 국외사업장 또는 해외현지법인에 근무함으로써 발생하는 소득에 대하여는 해당 국가에서 과세하는지 여부에 관계없이 우리나라에서는 납세의무가 없다(소득통 3-0-4). 즉, 그 비거주자의 거주지국에 해당하는 주재국은 그 직원의 전 세계 소득에 대하여 과세권을 행사할 것이며 우리나라는 그 직원의 소득 중 한국 내의 원천소득에 대해서만 과세권을 가지게 된다. 따라서 거주자나 내국법인의 국외사업장이나 해외현지법에서 한국의 거주자에 해당하지 않는 해당국의 거주자를 직원으로 채용하고 지급하는 근로소득에 대하여는 그 소득의 원천은 주재국에 있는 것이므로 우리나라에서는 과세권을 행사할 수 없다.

6. 국외 비거주자 등으로부터 직접 받는 용역대가에 대한 과세

일반적으로 인적역무를 제공하고 대가를 받는 경우 그 소득의 구분은 고용관계 여부와 계속성 · 반복성 여부에 따라 근로소득과 사업소득, 기타소득으로 구분할 수 있다. 개인이 국내에서 국외에 있는 비거주자나 외국법인 등을 위해 역무를 제공하고 대가를 지급받을 수 있는데, 이런 경우에도 고용관계 여부나 용역제공의 계속성 · 반복성 여부에 따라 소득의 구분이 달라지고, 소득의 구분이 달라지면 소득별 과세방법도 달라지게 된다.

(1) 소득의 구분

① 근로소득으로 보는 경우

개인이 종속적인 고용관계에 의하여 역무를 제공하고 대가를 받는 경우에는 근로소득에 해당되는데, 국내에서 비거주자나 외국법인을 위해 역무를 제공하는 경우에도 마찬가지이다. 그런데, 근로자에 해당하는지 여부를 판단함에 있어서는 그 계약이 민법상의 고용계약이든 또는 도급계약이든 그 계약의 형식에 관계없이 그 실질에 있어 임금을 목적으로 종속적인 관계에서 사용자에게 근로를 제공하였는지 여부에 따라 판단해야 하고, 종속적인 관계가 있는지 여부를 판단함에 있어서는 다음의 내용을 종합적으로 고려하여 판단해야 한다(소득집행 20-0-1).

ⓐ 업무의 내용이 사용자에 의해 정해지고 취업규칙 · 복무규정 · 인사규정 등의 적용을 받으며 업무수행 과정에 있어서도 사용자로부터 구체적이고 직접적인 지휘 · 감독을 받는지 여부

ⓑ 사용자에 의하여 근무시간과 근무장소가 지정되고 이에 구속을 받는지 여부

ⓒ 근로자 스스로가 제3자를 고용하여 업무를 대행케 하는 등 업무의 대체성 유무

ⓓ 비품 · 원자재 · 작업도구 등의 소유관계, 보수가 근로 자체의 대상적 성격을 갖고 있는지 여부와 기본급이나 고정급이 정해져 있는지 여부 및 근로소득세의 원천징수 여부 등 보수에 관한 사항

ⓔ 근로제공관계의 계속성과 사용자에의 전속성의 유무와 정도

ⓕ 사회보장제도에 관한 법령 등 다른 법령에 따라 근로자로서의 지위를 인정받는지 여부

ⓖ 양 당사자의 경제적 · 사회적 조건 등

참고: 외국법인으로부터 받은 소득의 과세 여부

① **외국법인으로부터 지급받은 RSU에 대한 과세 여부**

외국 모법인으로부터 급여의 일부를 양도제한주식수령권(RSU)으로 지급받은 것은 근로소득에 해당하며, 거주자는 국외원천소득에 대하여 납세의무가 있음(서면원천 2023-3031, 2024.07.01.)

② **거주자가 중국항공사에 인적용역을 제공하고 받은 국외근로소득이 국내에서 과세되는지 여부**

거주자는 소득세법 제3조의 규정에 의하여 국내외에서 발생한 모든 소득에 대하여 무제한 납세의무를 지는 것이나, 국내세법에 대하여 특별법의 위치에 있는 조세조약이 국내의 과세권을 제한하는 경우에는 특별법 우선의 원칙에 따라 조세조약을 적용하여 국내에서는 과세할 수 없는 것임. 따라서 우리나라의 거주자가 중국에 본점 또는 실질관리장소를 둔 중국 항공사에 의하여 국제운수에 운행되는 항공기에 탑승하여 수행하는 고용에 관한 보수는 한 · 중 조세조약 제15조 제3항에 따라 중국에서만 과세되는 것임(기준법령해석국조2018-288, 2019.05.24.)

② 사업소득이나 기타소득으로 보는 경우

개인이 고용관계 없이 독립된 자격으로 역무를 제공하고 대가를 받는 경우 그 소득은 계속성 · 반복성 여부에 따라 사업소득 또는 기타소득으로 구분되는데, 국내에서 비거주자나 외국법인을 위해 역무를 제공하는 경우에도 마찬가지이다. 즉, 고용관계 없이 독립된 자격으로 계속적 · 반복적으로 용역을 제공하고 일의 성과에 따라 지급받는 수당 · 기타 유사한 성질의 금액은 소득세법상 사업소득에 해당하고, 일시적 · 우발적으로 용역을 제공하고 지급받는 수당 · 기타 유사한 성질의 금액은 소득세법상 기타소득에 해당한다. 그런데 인적용역을 제공하고 받는 소득이 사업소득에 해당하는지 또는 기타소득에 해당하는지 여부는 당사자 사이에 맺은 거래의 형식 · 명칭 및 외관에 구애되지 않고 그 실질에 따라 평가한 다음, 그 거래의 한쪽

당사자인 해당 납세자의 직접 활동의 내용, 그 활동 기간, 횟수, 태양, 상대방 등에 비추어 그 활동이 수익을 목적으로 하고 있는지 여부와 사업활동으로 볼 수 있을 정도의 계속성과 반복성이 있는지 여부 등을 고려하여 사회통념에 따라 판단해야 한다(대법원 2000두5203, 2001.4.24.).

(2) 소득별 과세방법

① 근로소득에 해당하는 경우

현행 소득세법에 따르면, 원칙적으로 국내에서 거주자나 비거주자에게 근로소득 등 소득세법에서 정하는 소득을 지급하는 경우에는 소득세법의 규정에 따라 그 거주자나 비거주자에 대한 소득세를 원천징수하여야 한다(소득법 §127 ①). 그런데 원천징수대상 근로소득 중 '외국기관 또는 우리나라에 주둔하는 국제연합군(미군은 제외)으로부터 받는 근로소득'과 '국외에 있는 비거주자 또는 외국법인(국내지점 또는 국내영업소는 제외)으로부터 받는 근로소득'은 원천징수대상에서 제외하고 있다(소득법 §127 ① 4호). 참고로 2009년 이전에는 원천징수대상 근로소득을 '갑종근로소득', 원천징수대상에서 제외되는 근로소득은 '을종근로소득'으로 구분했었는데, 2009년 말 소득세법 개정으로 이제는 '갑종근로소득'이나 '을종근로소득'으로 구분하지 않고 원천징수대상 여부와 관계없이 모두 '근로소득'으로 명칭이 통일되었다. 그런데 '국외에 있는 비거주자 또는 외국법인으로부터 직접 받는 근로소득'의 경우 그 소득이 국내에 있는 거주자의 계좌로 직접 송금되어 오기 때문에 국내에서는 원천징수의무를 이행할 수 없게 된다. 따라서 이런 경우 그 소득자가 납세의무를 이행하기 위한 두 가지 방법이 있을 수 있는데, 하나는 납세조합을 통해 세금신고를 하는 방법이고 나머지 하나는 소득자 본인이 직접 그 근로소득에 대한 종합소득세신고를 하는 방법이다.

ⓐ 납세조합을 통한 납세의무의 이행

현행 소득세법에 따르면, 원천징수대상에서 제외된 근로소득이 있는 거주자는 납세조합을 조직할 수 있도록 규정하고 있는데(소득법 §149 1호), 납세조합은 그 조합원의 원천징수의무 제외 대상소득에 대해 매월 소득세를 징수하게 된다. 그리고 납세조합이 조합원의 소득에 대해 매월 원천징수하는 경우 2027년

12월 31일까지는 징수할 세액의 3%를 세액공제하고 징수하고 나중에 연말정산을 통해 정산하게 된다. 따라서 국내에서 국외의 비거주자나 외국법인으로부터 직접 근로소득을 지급받은 개인은 납세조합에 가입하여 원천징수절차로 납세의무를 이행할 수 있다.

ⓑ 종합소득세신고를 통한 납세의무의 이행

국외의 비거주자나 외국법인으로부터 직접 근로소득을 지급받아 원천징수를 하지 않게 된 근로소득에 대하여 납세조합을 통하여 납세의무를 이행하지 않은 경우에는 그 근로소득이 발생한 다음 해의 5월에 근로자의 주소지 관할 세무서에서 종합소득세신고절차를 통해 납세의무를 이행할 수 있다. 이 경우 근로소득자가 국외로부터 받은 근로소득의 금액과 각종 증빙자료를 토대로 연말정산과 비슷한 절차로 소득세를 계산한다.

참고: 국내연락사무소를 설치하고 급여를 지급하는 경우

외국법인이 국내에 수익사업을 하지 않는 연락사무소를 설치하고 근무직원에 대한 급여를 외국 본점에서 거래은행을 통하여 각 직원의 계좌로 직접 송금하는 경우에는 소득세법상 원천징수의무에서 제외되는 근로소득에 해당하는 것이지만, 외국법인의 연락사무소에서 근무하는 직원의 급여를 그 연락사무소 명의의 통장을 통하여 지급받은 후 대표자가 각 직원 개인별로 지급하는 경우에는 원천징수대상 근로소득에 해당하는 것임(서면1팀-511, 2006.4.21.)

② 사업소득 또는 기타소득에 해당하는 경우

개인이 국내에서 고용관계 없이 국외에 있는 비거주자나 외국법인 등을 위해 역무를 제공하고 대가를 직접 지급받은 경우 용역제공의 계속성·반복성 여부에 따라 사업소득이나 기타소득으로 분류될 수 있다. 그런데 그 소득이 사업소득에 해당하든 기타소득에 해당하든 국내에서는 원천징수가 되지 않기 때문에 그 소득자가 종합소득세 신고절차를 통해 스스로 납세의무를 이행해야 한다.

ⓐ 사업소득의 경우

인적용역소득이 사업소득에 해당하면 근거과세의 원칙상 그 소득에 대응하는 실제 필요경비에 대한 증빙서류를 구비하고 장부를 비치 · 기장해야만 비용으로 인정받을 수 있다. 사업소득에 해당하는 인적용역소득의 경우 직전 연도의 수입금액이 연간 7,500만원을 넘는 경우 복식부기의무자에 해당되는데, 복식부기의무자가 장부를 비치 · 기장하지 않고 추계방식으로 소득세 신고를 하게 되면 산출세액의 20%에 해당하는 무신고가산세를 부담하게 된다. 따라서 국내에서 국외의 비거주자나 외국법인을 위해 인적용역을 제공하고 그 대가를 국외로부터 직접 받는 경우로서 그 소득이 사업소득에 해당하는 경우에는, 기장의무 구분에 따라 추계방식으로 소득세 신고를 하거나 장부를 정리하여 소득세 신고를 해야 한다.

ⓑ 기타소득의 경우

동일한 인적용역소득이라도 계속성 · 반복성이 없어서 기타소득으로 분류되면 사업소득이 아니기 때문에 기장의무가 없을 뿐만 아니라, 해당 소득에 대한 필요경비를 사업자가 직접 입증할 필요 없이 세법에서 사전에 정한 비율에 해당하는 금액을 필요경비로 인정해준다. 현행 소득세법에 따르면 기타소득에 해당하는 인적용역소득의 경우 거주자가 지급받은 금액의 60%에 상당하는 금액을 필요경비로 의제하고, 실제 소요된 필요경비가 60%를 초과하면 그 초과하는 금액도 필요경비에 산입할 수 있다(소득령 §87 1의2호). 따라서 국내에서 국외의 비거주자나 외국법인을 위해 인적용역을 제공하고 그 대가를 국외로부터 직접 받는 경우로서 그 소득이 기타소득에 해당하는 경우에는, 의제경비율을 적용하여 소득세를 계산하거나 실제 소요된 필요경비가 의제경비율을 적용한 금액을 초과하는 경우에는 그 증빙을 바탕으로 소득세를 계산하여 소득세 신고를 하면 된다.

7. 국외원천소득에 대한 이중과세의 조정

거주자나 내국법인이 국외에서 벌어들인 국외원천소득에 대해서는 그 소득이 발생한 나라에서 원천지국 과세원칙에 따라 과세를 하게 되고, 거주지국에서는 거주지국 과세원칙에 따라 원천지국에서 이미 과세된 소득에 대해 다시 한 번 과세를 하게 된다. 이렇게 동일한 소득에 대해 동일인에게 중복하여 과세되는 현상을 국제적 이중과세라고 하는데, 이는 국가 간에 경제교류가 이루어지는 경우에 각국이 자국의 법률에 따라 독자적으로 과세권을 행사하는 결과 발생하는 현상이다. 동일한 소득에 대해 동일인에게 이중으로 과세하는 국제적 이중과세는 국가 간의 자본이나 기술, 인력 등의 교류를 방해하고 소득의 발생원천에 따라 과세를 달리하게 되어 조세의 중립성을 해칠 수 있기 때문에 이를 방지할 필요가 있는데, 오늘날 대부분의 국가는 각국의 국내법과 조세조약의 체결을 통해 국제적인 이중과세를 조정하고 있다.

우리나라의 경우에도 법인세법과 소득세법, 다른 나라와 체결한 조세조약 등에서 국제적 이중과세의 회피에 대해 규정하고 있는데, 현행 세법에서는 국제적 이중과세를 조정하기 위한 일반적인 방법 중에서 소득면제방식은 채택하지 않고 있고 일종의 소득공제방식이라 할 수 있는 외국납부세액의 손금(필요경비)산입방식과 외국납부세액공제방식 중 하나를 납세자가 선택하여 적용할 수 있도록 규정하고 있다. 그런데 현행 법인세법 제57조 제1항과 소득세법 제57조 제1항에 따르면, 외국납부세액공제를 할 때 산출세액에서 공제할 세액은 국외원천소득이 해당 사업연도(과세기간)의 과세표준(종합소득금액)에서 차지하는 비율을 곱해서 산출한 금액을 한도로 하도록 규정하고 있다. 아래에서는 현행 세법에서 규정하고 있는 이중과세 조정제도를 중심으로 살펴본다.

(1) 외국납부세액의 손금(필요경비)산입 방식

내국법인의 각 사업연도의 과세표준 또는 거주자의 종합소득금액에 국외원천소득이 포함되어 있는 경우 그 국외원천소득에 대하여 외국에서 외국법인세액 또는 외국소득세액을 납부하였거나 납부할 것이 있는 경우에는 납세자의 선택에 따라 그 외국법인세액 또는 외국소득세액을 각 사업연도 또는 해당 과세기간의 소득금액을 계산할 때 손금(필요경비)에 산입할 수 있다. 즉, 이 방법은 거주지국이 자국 거주자가 국외원천소득에 대해 원천지국에서 이미 납부한 소득세를 그 거주자의 과세대상 소득금액을 계산할 때 소득에서 공제하는 방법으로 소득공제방식에 해당한다고 할 수 있다(법인령 §19 10호, 소득령 §55 ① 8호).

(2) 외국납부세액공제 방식

① 직접외국납부세액공제

내국법인의 각 사업연도의 과세표준 또는 거주자의 종합소득금액에 국외원천소득이 포함되어 있는 경우, 그 국외원천소득에 대하여 외국에서 외국법인세액 또는 외국소득세액을 납부하였거나 납부할 것이 있는 경우에는 납세자의 선택에 따라 해당 사업연도의 법인세 산출세액 또는 해당 과세기간의 종합소득 산출세액에 국외원천소득이 해당 사업연도의 과세표준 또는 그 과세기간의 종합소득금액에서 차지하는 비율을 곱하여 산출한 금액을 한도로 외국법인세액 또는 외국소득세액을 해당 사업연도의 법인세액 또는 해당 과세기간의 종합소득 산출세액에서 공제할 수 있다(법인법 §57 ①, 소득법 §57 ①). 이것을 산식으로 나타내면 다음과 같다.

$$\text{공제한도금액} = A \times \frac{B}{C}$$

A : 해당 사업연도의 산출세액(법인세법 제55조의2에 따른 토지 등 양도소득에 대한 법인세액 및 조세특례제한법 제100조의32에 따른 투자·상생협력 촉진을 위한 과세특례를 적용하여 계산한 법인세액 제외) 또는 해당 과세기간의 종합소득 산출세액

B : 국외원천소득(조세특례제한법이나 그 밖의 법률에 따라 세액감면 또는 면제를 적용받는 경우에는 세액감면 또는 면제 대상 국외원천소득에 세액감면 또는 면제 비율을 곱한 금액 제외)

C : 해당 사업연도의 소득에 대한 과세표준 또는 해당 과세기간의 종합소득금액

② 간주외국납부세액공제

국외원천소득이 있는 내국법인 또는 거주자가 조세조약의 상대국에서 해당 국외원천소득에 대하여 법인세 또는 소득세를 감면받은 세액 상당액에 대해서는 실제로 납부한 국외납부세액이 없지만 그 조세조약으로 정하는 범위에서 외국납부세액공제의 대상이 되는 외국법인세액(외국소득세액)으로 본다(법인법 §57 ③, 소득법 §57 ③). 즉, 현행 세법에서는 거주자나 내국법인의 국외원천소득에 대해 그 소득원천지국에서 세액감면을 받은 경우에 그 감면세액 상당액을 국내에서 그 거주자나 내국법인의 소득세나 법인세를 계산할 때 세액공제 가능한 세액으로 인정하고 있지만, 국외에서 발생한 모든 소득을 공제대상으로 하는 것이 아니

라 조세조약에서 간주외국납부세액공제를 규정하고 있는 국가에서 발생한 소득만 해당된다. 그런데 각국과의 조세조약상의 간주외국납부세액공제는 그 적용대상을 내국법인에 한하므로 외국법인의 경우에는 국내사업장이 있더라도 간주외국납부세액공제규정이 적용되지 않는다. 간주외국납부세액공제를 조세조약에서 규정하고 있는 국가의 예를 보면 다음과 같다.

그리스, 네팔, 말레이시아, 멕시코, 몰타, 방글라데시, 불가리아, 브라질, 사우디아라비아, 스리랑카, 슬로바키아, 싱가포르, 아일랜드, 이스라엘, 이집트, 인도, 인도네시아, 체코, 쿠웨이트, 터키, 태국, 튀니지, 파키스탄, 파푸아뉴기니, 포르투갈, 피지, 필리핀

③ 간접외국납부세액공제

내국법인의 각 사업연도의 소득금액에 일정요건을 갖춘 외국자회사로부터 받는 이익의 배당이나 잉여금의 분배액('수입배당금액')이 포함되어 있는 경우 그 외국자회사의 소득에 대하여 부과된 외국법인세액 중 그 수입배당금액에 대응하는 것으로서 법인세법시행령으로 정하는 바에 따라 계산한 금액은 외국납부세액공제를 할 수 있는 외국법인세액으로 본다(법인법 §57 ④). 또한 거주자의 종합소득금액에 외국법인으로부터 받는 수입배당금액이 포함되어 있는 경우로서 그 외국법인의 소득에 대하여 해당 외국법인이 아니라 출자자인 거주자가 직접 납세의무를 부담하는 등 소득세법 시행령으로 정하는 요건을 갖춘 경우에는, 그 외국법인의 소득에 대하여 출자자인 거주자에게 부과된 외국소득세액 중 해당 수입배당금액에 대응하는 것으로서 소득세법 시행령으로 정하는 바에 따라 계산한 금액은 외국납부세액공제의 대상이 되는 외국소득세액으로 본다(소득법 §57 ④).

(3) 국외원천소득의 범위

국제적 이중과세를 조정하기 위한 외국납부세액공제액을 계산할 때의 국외원천소득은 국외에서 발생한 소득으로서 내국법인의 각 사업연도 소득의 과세표준 또는 거주자의 종합소득금액의 계산에 관한 규정을 준용해 산출한 금액으로 한다. 이 경우 외국납부세액의 세액공제방법이 적용되는 경우의 국외원천소득은 해당 사업연도의 과세표준 또는 해당 과세기간의 종합소득금액을 계산할 때 손금에 산입된 금액(국외원천소득이 발생한 국가에서 과세할 때 손금에 산입된 금액은 제외함)으로서 국외원천소득에 대응하는 다음의 비용('국외원천소득 대응 비용')을 뺀 금액으로 하되, 내국법인 또는 거주자가 연구개발 관련 비용 등 기획재정부령으로 정하는 비용에 대해 기획재정부령으로 정하는 계산방법을 선택하여 적용하는 경우에는 그에 따라 계산한 금액을 국외원천소득 대응 비용으로 한다(법인령 §94 ②, 소득령 §117 ②).

① 직접비용

해당 국외원천소득에 직접적으로 관련되어 대응되는 비용. 이 경우 해당 국외원천소득과 그 밖의 소득에 공통적으로 관련된 비용은 제외한다.

② 배분비용

해당 국외원천소득과 그 밖의 소득에 공통적으로 관련된 비용 중 다음에서 정하는 배분방법에 따라 계산한 국외원천소득 관련 비용(법인칙 §47 ③, 소득칙 §60 ⑤)

ⓐ 국외원천소득과 그 밖의 소득의 업종이 동일한 경우의 공통손금은 국외원천소득과 그 밖의 소득별로 수입금액 또는 매출액에 비례하여 안분계산

ⓑ 국외원천소득과 그 밖의 소득의 업종이 다른 경우의 공통손금은 국외원천소득과 그 밖의 소득별로 개별 손금액에 비례하여 안분계산

(4) 외국납부세액공제한도액의 계산

내국법인의 각 사업연도의 과세표준에 국외원천소득이 포함되어 있는 경우 또는 거주자의 종합소득금액에 국외원천소득이 합산되어 있는 경우에 그 국외원천소득에 대한 외국납부세액을 세액공제로 하는 경우에는, 해당 사업연도의 법인세액(토지 등 양도소득에 대한 법인세액은 제외) 또는 해당 과세기간의 종합소득 산출세액에 국외원천소득이 해당 사업연도의 과세표준에서 차지하는 비율 또는 해당 과세기간의 종합소득금액에서 차지하는 비율을 곱하여 산출한 금액을 한도로 세액공제한다(법인법 §57 ①, 소득법 §57 ①). 이에 따라 외국정부에 납부하였거나 납부할 외국법인세액 또는 외국소득세액(외국소득세액을 종합소득 산출세액에서 공

제하는 경우만 해당함)이 공제한도를 초과하는 경우 그 초과하는 금액은 해당 사업연도(과세기간)의 다음 사업연도(과세기간) 개시일부터 10년 이내에 끝나는 각 사업연도(과세기간)에 이월하여 그 이월된 사업연도(과세기간)의 공제한도 범위에서 공제받을 수 있다(법인법 §57 ②, 소득법 §57 ②). 그리고 세액공제를 적용하면서 한도초과액이 발생해서 그 한도초과액을 이월시키더라도 다음 사업연도(과세기간)에 손금(필요경비)산입하는 방법을 선택한 경우에 해당 사업연도(과세기간)에는 이월공제가 되지 않는다고 보는데(국제세원-189, 2010.4.15.), 이것은 결국 외국납부세액에 대해서는 한 사업연도(과세기간)에 세액공제방식이나 손금(필요경비) 방식 중 한 가지만 적용할 수 있다는 의미로 볼 수 있다.

한편, 외국납부세액에 대한 세액공제한도액을 계산함에 있어서 국외사업장이 둘 이상의 국가에 있는 경우에는 국가별로 구분하여 이를 계산하여야 하는데(법인령 §94 ⑦, 소득령 §117 ⑦), 국가별 한도방식의 적용사례를 보면 다음과 같다(법인통 57-94-1).

① 일반적인 경우의 국가별 한도액의 계산사례

구 분				국별 한도액		
구분	소득금액	세율	외국납부세액	공제한도	공제세액	미공제세액
A국	1,000	25%	250	300	250	-
B국	2,000	35%	700	600	600	100
C국	3,000	37.5%	1,125	900	900	225
국내	4,000	30%	-	-	-	-
합계	10,000	-	2,075	-	1,750	325
총부담세액				(3,000+2,075-1,750)=3,325		

➡ 국별 공제한도액 계산내역(A국의 경우)

국별 한도액 계산(A국) : $3{,}000(\text{총소득}\times\text{국내세율})\times\dfrac{\text{국별소득}(1{,}000)}{\text{총소득}(10{,}000)}=300$

② 일부 국가에서 결손이 발생한 경우의 국가별 한도액의 계산사례

외국납부세액공제 한도액을 국가별로 구분하여 계산하는 경우에 어느 국가의 소득금액이 결손인 경우의 기준국외원천소득금액 계산은 다음과 같이 각국별 소득금액에서 그 결손금액을 총소득금액에 대한 국가별 소득금액 비율로 안분계산하여 차감한 금액으로 한다.

구분	외국납부세액	국별 소득	기준국외원천소득	세액공제 한도액	비고
A국	100	500	$500 - \left(600 \times \frac{500}{1,000}\right) = 200$	$120 \times \frac{200}{400} = 60$	산출세액 120
B국	0	-600	-	-	
C국	60	300	$300 - \left(600 \times \frac{300}{1,000}\right) = 120$	$120 \times \frac{120}{400} = 36$	
국내	-	200	-	-	
계	160	400	320	96	-

(5) 외국납부세액의 범위

① 내국법인의 경우

국외원천소득이 있는 내국법인의 세액공제 또는 손금산입 대상이 되는 외국법인세액이란 외국정부(지방자치단체 포함)에 납부하였거나 납부할 다음의 세액(가산세 및 가산금은 제외)을 말한다. 다만, 국제조세조정에 관한 법률 제12조 제1항에 따라 내국법인의 소득이 감액조정된 금액 중 국외특수관계인에게 반환되지 아니하고 내국법인에게 유보되는 금액에 대하여 외국정부가 과세한 금액과 해당 세액이 조세조약에 따른 비과세 · 면제 · 제한세율에 관한 규정에 따라 계산한 세액을 초과하는 경우에는 그 초과하는 세액은 제외한다(법인법 §57 ①, 법인령 §94 ①).

ⓐ 초과이윤세 및 기타 법인의 소득 등을 과세표준으로 하여 과세된 세액
ⓑ 법인의 소득 등을 과세표준으로 하여 과세된 세의 부가세액
ⓒ 법인의 소득 등을 과세표준으로 하여 과세된 세와 동일한 세목에 해당하는 것으로서 소득 외의 수익금액, 기타 이에 준하는 것을 과세표준으로 하여 과세된 세액

② 개인 거주자인 경우

국외원천소득이 있는 거주자의 세액공제 또는 필요경비산입의 대상이 되는 외국소득세액이란 외국정부에 납부했거나 납부할 다음의 세액(가산세 및 가산금은 제외)을 말한다. 다만, 해당 세액이 조세조약에 따른 비과세·면제·제한세율에 관한 규정에 따라 계산한 세액을 초과하는 경우에는 그 초과하는 세액은 제외한다(소득법 §57 ①, 소득령 §117 ①).

ⓐ 개인의 소득금액을 과세표준으로 하여 과세된 세액과 그 부가세액
ⓑ 위 ⓐ와 유사한 세목에 해당하는 것으로서 소득 외의 수입금액, 기타 이에 준하는 것을 과세표준으로 하여 과세된 세액

(6) 외국납부세액의 공제시기

내국법인이나 거주자의 국외원천소득에 대한 외국납부세액은 해당 국외원천소득이 과세표준에 산입되어 있는 사업연도 또는 과세기간의 산출세액에서 공제한다(법인령 §94 ③, 소득령 §117 ③). 즉, 외국납부세액공제는 외국에서 세금을 납부한 때가 아닌 내국법인의 각 사업연도의 과세표준금액 또는 거주자의 해당 과세기간의 과세표준금액에 국외원천소득이 포함된 때에 그 국외원천소득에 대하여 확정된 세액을 공제하여야 한다. 그런데 거주자의 국외원천소득이 발생한 외국의 과세기간이 우리나라와 상이한 경우에는 해당 과세기간의 국외원천소득 중 우리나라의 과세기간에 해당하는 기간에 발생한 국외원천소득이 차지하는 비율을 반영하여 계산해야 한다(서면국제세원2020-2623, 2020.08.26.).

참고: 외국납부세액 공제시의 환율적용(법인세법 집행기준 57-94-5)

① 외국납부세액의 원화환산은 외국세액을 납부한 때의 「외국환거래법」에 의한 기준환율 또는 재정환율에 의한다.

② 외국납부세액이 분납 또는 납기 미도래로 인하여 미납된 경우 동 미납세액에 대한 원화 환산은 다음과 같이 한다.(서면1팀-511, 2006.4.21.)

구 분	적용 환율
해당 사업연도 중에 확정된 외국납부세액이 분납 또는 납기 미도래로 인하여 미납된 경우	그 사업연도 종료일 현재의 외국환거래법에 따른 기준환율 또는 재정환율
사업연도 종료일 이후에 확정된 외국납부세액을 납부하는 경우	확정일 이후 최초로 납부하는 날의 외국환거래법에 따른 기준환율 또는 재정환율

■ 법인세법 시행규칙 [별지 제8호서식 부표 5의2](2021.03.16 개정)

(앞쪽)

사업연도	. . . ~ . . .	국가별 외국납부세액공제 명세서	법 인 명	
			사업자등록번호	

※ 본 서식은 국외원천소득(결손)이 발생한 각 국가별로 구분하여 각각 작성해야 합니다.

1. 국외원천소득(결손) 발생국가

① 국가명		② 국가코드	

2. 공제한도 계산

(단위 : 원)

구 분		금 액
③ 국외원천소득 대응 비용 차감 전 국외원천소득		
④ 국외원천소득에 대응하는 비용 등		
⑤ 국외원천소득 대응 비용 차감 후 국외원천소득(③ - ④)		
감면되는 국외원천 소득	⑥ 국외원천소득 중 「조세특례제한법」 등에 따른 감면적용대상금액	
	⑦ 감면비율	
	⑧ 차감되는 감면 국외원천소득(⑥ × ⑦)	
⑨ 외국납부세액 공제대상 국외원천소득(⑤ - ⑧)		
⑩ 기준 국외원천소득(결손국가가 없는 경우=⑨, 있는 경우 작성방법 참조)		
공제 한도	⑪ 산출세액	
	⑫ 과세표준	
	⑬ 공제한도(⑪ × ⑩ / ⑫)	
당기 공제 대상 세액	⑭ 전기 이월액	
	⑮ 당기 외국납부세액 발생액	
	⑯ 당기 공제대상 세액(⑭ + ⑮)	
이월배 제액	⑰ 한도초과액(⑮ - ⑬, 음수인 경우 영(0))	
	⑱ 이월배제 대상 외국납부세액	
	⑲ 이월배제 외국납부세액(⑰와 ⑱ 중 작은 금액)	
⑳ 차기 이월액(⑯ - ⑬ - ⑲, 음수인 경우 영(0))		

3. 공제세액 계산

(단위 : 원)

㉑ 사업연도	㉒ 당초외국납부세액 발생액	㉓ 전기 누적 공제액	㉔ 당초 이월배제액	㉕ 당기 공제대상 세액 (㉒-㉓-㉔=⑯)	㉖ 당기 실제 세액공제액 (합계≤⑬)	㉗ 이월배제액 (⑲)	㉘ 차기 이월액 (㉕-㉖-㉗)
당 기							
합 계							

210㎜×297㎜[백상지 80g/㎡ 또는 중질지 80g/㎡]

■ 법인세법 시행규칙 [별지 제8호서식 부표 5의3](2020.03.13 개정) (앞쪽)

사 업 연 도	. . . ~ . . .	**소득종류별 외국납부세액 명세서**	법 인 명	
			사업자등록번호	

(단위 : 원)

① 연번	소득발생처			⑤ 소득 구분	⑥국외원천 소득		외국납부세액			
	②국가명	③코드	④상호(성명)	코드			⑦직접	⑧간주	⑨간접	⑩하이브리드 (Hybrid)
1						세목				
						세액				
2						세목				
						세액				
3						세목				
						세액				
4						세목				
						세액				
5						세목				
						세액				
6						세목				
						세액				
7						세목				
						세액				
8						세목				
						세액				
9						세목				
						세액				
10						세목				
						세액				
11						세목				
						세액				
12						세목				
						세액				
13						세목				
						세액				
14						세목				
						세액				
15						세목				
						세액				
합 계						세액				

210㎜×297㎜[백상지 80g/㎡ 또는 중질지 80g/㎡]

■ 법인세법 시행규칙[별지 제8호서식 부표 5의4] (2016.03.07 개정)

(앞쪽)

사 업 연 도	. . . ~ . . .	간접외국납부세액공제 명세서	법 인 명	
			사업자등록번호	

1. 외국자회사 등에 대한 직접 · 간접 소유명세

가. 외국자회사

① 외국자회사 법인명	② 외국자회사 소재지국	③ 국가코드	④ 해외현지기업 고유번호	⑤ 내국법인의 주식소유비율

나. 외국손회사

⑥ 외국손회사 법인명	⑦ 외국손회사 소재지국	⑧ 국가코드	⑨ 외국자회사 법인명	⑩ 외국자회사의 주식소유비율	⑪ 내국법인의 주식간접소유비율 [⑤×⑩]

2. 「법인세법」 제57조 제4항에 따른 외국납부세액(간접외국납부세액) 명세

(단위 : 원)

⑫ 외국자회사 법인명	외국자회사의 해당 사업연도			⑯ 수입배당금액	⑰ 수입배당금액에 대응하는 간접 외국납부세액 [(⑭ + ⑮×50%) × ⑯ / (⑬ - ⑭ - ⑮×50%)]
	⑬ 소득금액	⑭ 외국자회사 소재지국 납부 법인세액	⑮ 외국자회사가 제3국에 납부한 외국납부세액 [㉓+㉙]		
합 계					

3-1. 외국자회사가 외국손회사 소재지국에 납부한 세액 명세

(단위 : 원)

⑱ 외국자회사 법인명	⑲ 외국손회사 법인명	⑳ 외국손회사 소재지국	㉑ 국가코드	㉒ 외국자회사의 수입배당금액	㉓ 외국손회사 소재지국에 납부한 외국납부세액

3-2. 외국자회사가 제3국의 지점 등의 소재지국에 납부한 세액 명세

(단위 : 원)

㉔ 외국자회사 법인명	㉕ 제3국 지점 등의 명칭	㉖ 소재지국	㉗ 국가코드	㉘ 제3국 지점 등에 귀속되는 소득	㉙ 제3국에 납부한 외국납부세액

210㎜×297㎜[백상지 80g/㎡ 또는 중질지 80g/㎡]

II. 국외자산에 대한 세무

거주자나 내국법인의 국외자산과 관련된 과세문제는 취득 및 보유, 처분단계별로 나누어 볼 수 있는데, 해외직접투자를 한 경우에는 '해외현지법인 명세서' 등을 제출해야 하고, 해외부동산의 취득과 보유, 처분과 관련해서도 '해외부동산 취득 · 투자운용(임대) 및 처분 명세서'를 제출해야 한다. 그런데 해외주식투자나 해외부동산을 취득하는 주체가 내국법인인 경우에는 그 국외자산으로부터 발생하는 보유 및 처분단계에서의 배당소득이나 임대소득, 자산처분소득에 대하여 순자산증가설에 따라 그 법인의 장부에 반영하여 법인세를 계산하고 외국에서 납부한 세금이 있는 경우에는 그 외국납부세액에 대해 손금산입이나 외국납부세액공제로 적용하여 이중과세를 조정하면 된다. 따라서 아래에서는 주로 개인 거주자가 국외자산을 취득하여 보유하거나 처분하면서 발생하는 과세문제에 대해 살펴보기로 한다.

1. 국외자산 취득 및 보유에 대한 세무

(1) 국외자산의 취득단계에서의 세무

① 취득자금에 대한 증여세 과세문제

취득과 관련된 세금은 일반적으로 그 자산이 소재하는 국가의 법령에 따라 현지에서 납부하게 될 것이기 때문에 국내에서 국외자산의 취득과 관련하여 발생할 수 있는 세금문제는 그리 많지 않다고 할 수 있다. 개인 거주자의 국외자산의 취득과 관련하여 국내에서 발생될 수 있는 세금으로는 그 국외자산을 취득하기 위한 자금조달 과정에서 타인으로부터 자금을 증여받거나 또는 그 취득자금의 출처를 소명할 수 없는 경우에 부과될 수 있는 증여세 정도일 것이다.

현행 상속세 및 증여세법에 따르면, 재산 취득자의 직업, 연령, 소득 및 재산상태 등으로 볼 때 재산을 자력으로 취득하였다고 인정하기 어려운 경우로서 다음 중 어느 하나에 따라 입증된 금액의 합계액이 취득재산의 가액에 미달하는 경우에는 그 재산을 취득한 때에 그 재산의 취득자금을 그 재산 취득자가 증여받은 것으로 추정하여 이를 그 재산 취득자의 증여재산가액으로 한다(상증법 §45 ①). 이 경우 입증되지 아니하는 금액이 취득재산의 가액의 20%에 상당하는 금액과 2억원 중 적은 금액에 미달하는 경우에는 증여세를 부과하지 아니한다(상증령 §34 ① 단서).

ⓐ 신고하였거나 과세(비과세 또는 감면받은 경우 포함)받은 소득금액

ⓑ 신고하였거나 과세받은 상속 또는 수증재산의 가액

ⓒ 재산을 처분한 대가로 받은 금전이나 부채를 부담하고 받은 금전으로 해당 재산의 취득에 직접 사용한 금액

② 자금출처 증여추정 배제기준

거주자인 재산취득자가 해당 재산을 자력으로 취득하였다고 인정하기 어려운 경우에는 그 재산의 취득자금을 증여받은 것으로 추정하여 증여세를 부과할 수 있는데, 이 경우 취득자의 직업 · 연령 · 소득 · 재산 상태 등을 고려하여 재산취득일 전 10년 이내에 해당 재산 취득자금의 합계액이 다음 표의 기준금액 미만인 경우에는 증여추정 규정을 적용하지 아니한다. 다만, 기준금액 이하이더라도 취득가액 또는 채무상환 금액이 타인으로부터 증여받은 사실이 확인될 경우에는 증여세 과세대상이 된다(상증법 §45 ③, 상증령 §34 ②, 상증집행 45-34-3).

구 분	취득 재산		채무상환	총액한도
	주택	기타 재산		
30세 미만	5천만원	5천만원	5천만원	1억원
30세 이상	1.5억원	5천만원	5천만원	2억원
40세 이상	3억원	1억원	5천만원	4억원

(2) 국외자산의 보유단계에서의 세무

① 배당소득에 대한 과세

내국법인이 해외주식투자를 통해 배당소득이 발생하는 경우 국내에서 법인세를 계산하면서 순자산증가설에 따라 그 국외발생소득도 과세표준에 합산해야 된다. 그런데 개인 거주자가 국내증권사를 통해 외국법인의 주식에 투자하여 외국

법인으로부터 배당금을 수령할 경우에는 국내증권사가 국내세법에 따라 14%의 세율을 적용하여 원친징수하게 되는데, 이 경우 배당소득이 발생한 해외현지에서 그 배당소득에 대하여 이미 원천징수하였다면 우리나라 소득세법에 따른 세율 14%에서 현지 원천징수세율을 차감하여 산출한 세액을 원천징수하게 된다(소득법 §127 ①·⑤, 소득법 §129 ④). 이렇게 거주자의 해외주식에 대한 배당소득세를 국내세법에 따라 원천징수한 경우에는 개인별로 연간 금융(이자·배당)소득이 2천만원을 초과하는 경우 다른 종합소득과 합산하여야 하고, 국외에서 받는 금융소득에 대해서 국내에서 원천징수되지 않은 경우에는 금액에 관계없이 종합소득 과세표준에 합산해야 한다(소득-432, 2014.8.5.).

참고: 거주자의 배당소득에 대한 원천징수세액에서 차감하는 외국소득세액 여부

① **거주자의 배당소득에 대한 원천징수시 원천징수세액에서 차감하는 외국소득세액의 범위**

거주자에게 배당소득을 지급하는 자가 소득세법 제129조 제1항 제2호에 따라 배당소득의 14%(원천징수세액)를 원천징수함에 있어, 해당 소득에 대하여 일본에서 한·일 조세조약 제10조에 따라 배당 총액의 15%(주민세 포함)가 과세된 경우에는 같은 법 제129조 제4항에 따라 원천징수세액에서 일본에서 과세된 배당총액의 15%를 적용한 세액(원천징수세액 초과분은 없는 것으로 함)을 뺀 금액을 원천징수하는 것이며, 해당 소득에 대하여 조세조약을 적용하지 아니하고 일본 세법에 따라 과세된 경우에는 한·일 조세조약 제10조에 따른 제한세율에 상당하는 세액을 한도로 하여 일본 세법에 따라 정상적으로 납부한 세액을 외국소득세액으로 적용하는 것임(원천-485, 2012.09.18.)

② **대차거래 관련 수탁자인 증권회사 명의로 납부한 외국납부세액을 위탁자 개인의 외국납부세액공제 가능여부**

자본시장과 금융투자업에 관한 법률에 따른 금융투자업자(A)가 국내위탁 개인고객(B)과 대차중개약관 체결 및 해외금융기관과 증권대차거래계약을 체결한 후, 대차기간동안 체결주식에 대하여 발생한 배당상당액을 해외금융기관으로부터 수취 시 금융투자업자 명의(A)로 미국 내 원천징수세액을 납부하고 국내위탁 개인고객(B)에게 동 배당상당액을 그대로 지급하는 경우 미국 내 원천징수세액은 실질적으로 국내위탁 개인고객(B)이 부담한 외국소득세액으로 보아 소득세법 제129조 제4항 규정에 의거 해당 국내위탁 개인고객에게 지급하는 배당소득에 대한 원천징수세액에서 그 외국소득세액을 차감하는 것임(서면국제세원2023-2309, 2023.09.11.)

② 임대소득의 계산과 외국납부세액공제 등

거주자나 내국법인이 해외부동산을 취득하여 직접 사용하는 경우에는 그 부동산으로부터 소득이 발생하지 않겠지만 직접 사용하지 않고 임대를 하는 경우에는 임대소득이 발생할 수 있는데, 보유단계에서 발생하는 임대소득 등에 대해서는 비록 그 소득원천지국에서 세금을 납부하였더라도 거주지국인 우리나라에서 그 소득을 합산하여 다시 세금을 계산하여 신고·납부하여야 한다. 거주자 등이 보유한 해외부동산으로부터 임대소득이 발생하여 국내에서 다른 소득과 합산하여 법인세나 소득세를 신고하기 위해 소득금액을 계산하는 경우 그 해외부동산으로부터 발생하는 임대소득과 관련되는 직·간접비용은 당연히 손금이나 필요경비로 산입된다. 그리고 국외자산의 소재지국에서 납부한 배당소득이나 임대소득 관련 외국납부세액이 있는 경우 국내에서 그 국외소득을 합산하여 법인세나 소득세를 계산할 때 손금(필요경비)산입하거나 외국납부세액공제를 적용하여 국제적 이중과세를 조정할 수 있다.

③ 거주자가 해외에서 주택을 취득하여 임대하는 경우

개인 거주자가 해외에서 주택 이외의 부동산을 취득 후 임대하여 임대소득이 발생하는 경우에는 국내에서 발생된 소득과 마찬가지로 그 소득에 대해서는 그 소득원천지국에서 세금을 납부하였더라도 국내에서 다른 소득과 합산하여 종합소득세를 신고·납부하여야 한다. 그런데 거주자가 국내에서 부부합산하여 1주택을 보유하면서 임대를 하는 경우 그 주택임대소득에 대해서는 기준시가기준으로 12억원을 초과하는 주택이 아닌 경우에는 종합소득세를 비과세하는데, 해외에서 주택을 임대하여 임대소득이 발생하는 경우에는 국내외에서 보유하고 있는 주택의 수에 관계없이 그 해외주택의 임대소득은 모두 국내에서 종합소득세 과세대상이 된다(소득법 §12 2호 나목). 그리고 거주자가 주택을 임대하고 월세가 아닌 전세보증금을 받는 경우에는 부부합산해서 3주택(전용면적이 한 채당 40㎡

이하인 주택으로서 해당 과세기간의 기준시가가 2억원 이하인 주택은 2026년 12월 31일까지는 주택 수에 포함되지 않음) 이상 보유하고 있는 경우에만 주택을 임대하고 받은 전세보증금 중 3억원을 초과하는 부분에 대해서만 간주임대료를 계산하여 소득세를 과세하는데, 해외주택을 임대하고 월세가 아닌 전세보증금을 받은 경우에도 동일한 기준으로 과세된다.

참고: 거주자의 주택임대소득 소득세 과세기준

거주자의 주택임대소득에 대한 소득세 과세기준을 정리하면 다음과 같다.

주택 수(*1)	월세	보증금
1주택	원칙적 비과세(*2)	비과세
2주택	과세	비과세
3주택 이상(*3)	과세	간주임대료(*4) 과세

*1: 주택 수는 국내외 주택과 배우자 소유 주택을 합산하여 계산함

*2: 과세기간 종료일 현재 기준시가 12억원 초과 국내 주택 및 국외 소재 주택의 월세 임대소득은 1주택자도 과세됨

*3: 소형주택(주거 전용면적 40㎡ 이하이면서 기준시가 2억원 이하)은 과세대상 주택 수 계산에서 제외됨

*4: 간주임대료는 전세보증금 합계가 3억원 초과하는 경우에 계산함

④ 거주자의 해외부동산 임대로 인해 발생한 결손금의 통산 여부

현행 소득세법상 사업자가 비치·기록한 장부에 의하여 해당 과세기간의 사업소득금액을 계산할 때 발생한 결손금은 그 과세기간의 종합소득과세표준을 계산할 때 근로소득금액·연금소득금액·기타소득금액·이자소득금액·배당소득금액에서 순서대로 공제하는데(소득법 §45 ①), 원칙적으로 거주자의 국외사업장에서 발생한 결손금도 국내의 종합소득금액에서 공제할 수 있다(소득집행 45-0-5). 그런데 부동산임대업에서 발생한 결손금 중 비주거용 부동산의 임대업에서 발생한 결손금은 종합소득 과세표준을 계산할 때 공제하지 아니한다(소득법 §45 ②). 즉, 부동산임대업 중 비주거용 부동산임대업에서 발생한 결손금은 그 해의 종합소득 과세표준을 계산할 때 다른 종합소득금액과 통산하지 못하지만 주거용 건물임대업에서 발생한 결손금은 다른 소득금액과 통산할 수 있

다. 또한, 결손금이 발생한 연도에 공제하고 남은 이월결손금은 해당 이월결손금이 발생한 과세기간의 종료일부터 15년 이내에 끝나는 과세기간의 소득금액을 계산할 때 먼저 발생한 과세기간의 이월결손금부터 순서대로 사업소득금액, 근로소득금액, 연금소득금액, 기타소득금액, 이자소득금액 및 배당소득금액에서 순서대로 공제하지만 비주거용 부동산임대업에서 발생한 이월결손금은 비주거용 부동산임대업의 소득금액에서만 공제한다(소득법 §45 ③). 따라서 해외부동산을 임대함으로써 발생하는 결손금도 비주거용 부동산임대업과 주거용 건물임대업으로 구분해서, 해외의 주거용 건물임대업에서 발생한 결손금은 해당 연도의 국내의 다른 종합소득금액과 통산할 수 있고, 이월결손금이 발생한 경우에도 일반적인 이월결손금의 공제순서대로 다른 종합소득금액에서 공제하면 된다. 그렇지만 해외의 비주거용 부동산임대업에서 발생한 결손금은 해당 연도의 국내의 다른 종합소득금액과 통산할 수 없고, 이월결손금의 경우에도 비주거용 부동산임대업의 소득금액에서만 공제할 수 있다.

2. 국외자산 양도에 대한 세무

거주자나 내국법인이 해외주식이나 해외부동산 등을 보유하고 있다가 처분하는 경우 그 처분에 따른 손익이 발생할 수 있는데, 내국법인의 경우에는 순자산증가설에 따라 과세소득을 계산하기 때문에 그 국외자산의 처분으로 발생하는 손익은 법인세 계산 시에 반영하고, 그 국외자산의 처분과 관련하여 외국에서 납부한 세액이 있으면 손금산입이나 외국납부세액공제를 적용하여 국제적 이중과세를 조정하면 된다. 참고로 법인의 경우 국내 소재 주택이나 비사업용 토지를 양도한 경우 그 주택이나 토지 등의 양도소득에 10%에 해당하는 세액을 각 사업연도소득에 대한 법인세에 추가하여 납부하여야 하는데(법인법 §55의2 ①), 내국법인이 보유하는 국외부동산을 양도하는 경우에는 이런 '토지 등 양도소득에 대한 과세특례'를 적용하지 않는다(사전-2019-법령해석법인-54, 2019.6.5.).

그런데, 순자산증가설에 따라 과세대상소득을 계산하는 법인과는 달리 소득원천설에 따라 과세대상소득을 종합소득과 양도소득, 퇴직소득으로 분류하여 과세하고 있는 개인 거주자의 경우에는 거주자가 현행 소득세법에서 과세대상 양도소득으로 규정하고 있는 국외자산을 취득·보유하다가 양도하는 경우 소득세법에서 규정하는 바에 따라 국외자산 양도에 대한 양도소득세를 계산하여 신고·납부하여야 하고, 그 국외자산의 양도와 관련하여 외국에서 납부한 세금이 있는 경우에는 필요경비산입방법이나 외국납부세액공제방법을 통해 국제적 이중과세를 조정할 수 있다. 그런데 우리나라에서 양도세를 납부할 의무가 있는 거주자는 그 국외자산의 양도일 현재 계속하여 5년 이상 국내에 주소 또는 거소를 둔 경우에만 해당한다(소득법 §118의2). 아래에서는 현행 소득세법에서 규정하고 있는 거주자의 국외자산 양도에 대한 양도소득세의 계산과 신고·납부 등에 대하여 살펴보기로 한다.

참고: 국외자산 양도에 대한 납세의무 해당 여부 사례

① **소득세법 집행기준: 118의2-0-1 [국외자산의 양도에 대한 납세의무]**
소득세법 시행령 제3조에 따라 내국법인의 국외사업장 등에 파견된 임직원으로서 가족이나 자산상태로 보아 파견기간 종료 후 재입국할 것으로 인정되어 그 파견기간에 관계없이 거주자로 보는 자가 같은 법 제118조의2 각호에 따른 국외에 있는 자산을 양도한 경우 양도소득세 납세의무가 있다.

② **소득세법 집행기준 : 118의2-0-2 [국외부동산의 양도소득세 납세의무자 요건]**
국외 자산의 양도에 대하여 양도소득세 납세의무는 양도일 직전 5년 중 일정기간(3개월)동안 출국한 경우를 포함한다.

③ **계속해서 5년 이상 국내에 주소를 둔 것으로 본 경우**
쟁점기간 대부분을 국내에서 체류한 점, 해외이주신고를 하지 아니한 점, 쟁점기간 중에 국내 거주자 지위에서 가능한 건강보험료를 납부하고, 국내 은행에 개설된 개인계좌를 이용하여 금전거래를 한 점 등에 비추어 쟁점주식 양도일까지 계속해서 5년 이상 국내에 거주자에 해당하는 것으로 봄이 상당함(수원지법2016구단8948, 2017.07.05.)

(1) 과세대상 양도소득의 범위

개인인 거주자가 국외에 자산을 보유하고 있다가 처분하는 경우 열거주의에 의해 소득세법에서 규정하고 있는 자산에 대해서만 양도세를 내게 되는데, 양도세가 과세되는 국외자산은 양도세가 과세되는 국내자산과 유사하다. 구체적으로 개인인 거주자의 양도세 과세대상 국외자산 양도소득은 다음과 같은 국외자산을 양도함으로써 발생하는 소득으로 하되, 아래 ③의 주식 등과 아래 ④의 파생상품의 경우에는 거주자의 국내주식 등이나 파생상품의 양도소득과 합산한다. 그런데 다음에 따른 소득이 국외에서 외화를 차입하여 취득한 자산을 양도하여 발생하는 소득으로서 환율변동으로 인하여 외화차입금으로부터 발생하는 환차익을 포함하고 있는 경우에는 해당 환차익은 양도소득의 범위에서 제외한다.

① 토지 또는 건물의 양도로 발생하는 소득

② 다음 중 어느 하나에 해당하는 부동산에 관한 권리의 양도로 발생하는 소득

ⓐ 부동산을 취득할 수 있는 권리(건물이 완성되는 때에 그 건물과 이에 딸린 토지를 취득할 수 있는 권리 포함)

ⓑ 지상권

ⓒ 전세권과 부동산임차권

③ 외국법인이 발행하였거나 외국에 있는 시장에 상장된 주식 등으로서 다음 중 어느 하나에 해당하는 것의 양도로 발생하는 소득(소득법 §94 ① 3호 다목, 소득령 §157의3)

ⓐ 외국법인이 발행한 주식 등(자본시장과 금융투자업에 관한 법률에 따른 증권시장에 상장된 주식 등과 국외에 있는 자산으로서 소득세법 제94조 제1항 제4호에 따른 기타자산에 해당하는 부동산 과다보유 법인의 주식 등은 제외함)

ⓑ 내국법인이 발행한 주식 등(국외 예탁기관이 발행한 증권예탁증권 포함)으로서 자본시장과 금융투자업에 관한 법률 시행령 제2조 제1호에 따른 해외 증권시장에 상장된 것

④ 자본시장과 금융투자업에 관한 법률 제5조 제2항 제2호에 따른 해외 파생상품시장에서 거래되는 파생상품(소득법 §94 ① 5호, 소득령 §159의2 ① 4호)

⑤ 그 밖에 국외에 있는 자산으로서 소득세법 제94조 제1항 제4호에 따른 기타자산에 해당하는 사업용 고정자산과 함께 양도하는 영업권, 이용권 · 부동산 과다보유 법인의 주식 등의 양도로 발생하는 소득과 소득세법 제118조

의2 제2호에 따른 부동산에 관한 권리로서 미등기 양도자산의 양도로 발생하는 소득(소득령 §178의2 ④)

참고: 해외 주택의 비과세대상 1세대1주택 해당 여부

소득세법 시행령 제154조 제1항의 1세대 1주택을 판정함에 있어 국외 부동산은 고려하지 않는 것이며, 국외 부동산을 양도하는 경우에는 소득세법 제118조의2 제1호에 의거 1세대 1주택 여부에 관계없이 양도소득세가 과세되는 것임(재산-1720, 2008.7.16.)

(2) 양도가액

① 시가를 확인할 수 있는 경우

국외자산의 양도가액은 그 자산의 양도 당시의 실지거래가액으로 한다. 다만, 양도 당시의 실지거래가액을 확인할 수 없는 경우에는 양도자산이 소재하는 국가의 양도 당시 현황을 반영한 시가에 따르되, 다음 중 어느 하나에 해당하는 가액이 확인되는 때에는 이를 해당 자산의 시가로 한다(소득법 §118의3 ①, 소득령 §178의3 ①).

ⓐ 국외자산의 양도에 대한 과세와 관련하여 이루어진 외국정부(지방자치단체 포함)의 평가가액

ⓑ 국외자산의 양도일 또는 취득일 전후 6개월 이내에 이루어진 실지거래가액

ⓒ 국외자산의 양도일 또는 취득일 전후 6개월 이내에 평가된 감정평법인 등의 감정가액

ⓓ 국외자산의 양도일 또는 취득일 전후 6개월 이내에 수용 등을 통하여 확정된 국외자산의 보상가액

참고: 국외자산 시가평가의 범위

> 재산세 과세와 관련하여 이루어진 외국정부의 평가가액도 국외자산 취득당시의 현황을 반영하여 객관적이고 합리적인 방법으로 평가된 것이라면 시가로 볼 수 있음(대법2024두45726, 2024.10.08.)

② 시가를 산정할 수 없는 경우

양도한 국외자산의 시가를 산정하기 어려울 때에는 그 자산의 종류, 규모, 거래상황 등을 고려하여 상속세 및 증여세법상 시가를 산정하기 어려운 경우에 해당되어 보충적 평가방법으로 평가하는 방법을 준용하여 다음 중 어느 하나에 따라 평가한 가액으로 한다(소득법 §118의3 ① 단서, 소득령 §178의3 ②).

ⓐ 부동산 및 부동산에 관한 권리의 경우에는 상속세 및 증여세법 제61조(부동산 등의 평가), 제62조(선박 등 그 밖의 유형재산의 평가), 제64조(무체재산권의 가액) 및 제65조(그 밖의 조건부 권리 등의 평가)를 준용하여 국외자산가액을 평가하는 것. 다만, 상속세 및 증여세법 제61조, 제62조, 제64조 및 제65조를 준용하여 국외자산가액을 평가하는 것이 적절하지 아니한 경우에는 감정평가 및 감정평가사에 관한 법률에 따른 감정평가법인 등이 평가하는 것을 말한다.

ⓑ 유가증권가액의 산정은 상속세 및 증여세법 제63조(유가증권 등의 평가)의 규정에 의한 평가방법을 준용하여 평가하는 것. 이 경우 동조 제1항 제1호 가목의 규정 중 '평가기준일 이전 · 이후 각 2개월'은 각각 '양도일 · 취득일 이전 1개월'로 본다.

(3) 필요경비

① 필요경비의 범위

국외자산의 양도에 대한 양도차익을 계산할 때 양도가액에서 공제하는 필요경비는 국내자산 양도 시의 필요경비와 유사하게 다음의 금액을 합한 것으로 한다(소득법 §118의4 ①, 소득령 §178의4 ① · ③ · ④).

ⓐ 취득가액

해당 자산의 취득에 든 실지거래가액. 다만, 취득 당시의 실지거래가액을 확인할 수 없는 경우에는 위 (2)에서 설명한 양도가액과 마찬가지로 양도자산이 소재하는 국가의 취득 당시의 현황을 반영한 시가에 따르되, 시가를 산정하기 어려울 때에는 그 자산의 종류, 규모, 거래상황 등을 고려하여 상속세 및 증여세법에 따른 보충적 방법에 따라 취득가액을 산정한다.

ⓑ 소득세법 시행령 제163조 제3항 각 호의 어느 하나에 해당하는 자본적 지출액

ⓒ 소득세법 시행령 제163조 제5항 각 호의 어느 하나에 해당하는 양도비

참고: 홍콩 소재 건물 양도 시 정부에 납부한 토지임차료를 필요경비에 산입할 수 있는지 여부

> 거주자가 홍콩정부에 납부한 건물의 부수토지에 대한 임차료는 해당 건물 양도 시 공제대상 필요경비에 해당하지 않는 것임(서면법령해석재산2018-2253, 2019.03.28.)

② 양도차익계산을 위한 외화환산

국외자산 양도에 대한 양도차익을 계산함에 있어서는 양도가액 및 필요경비를 수령하거나 지출한 날 현재 외국환거래법에 의한 기준환율 또는 재정환율에 의하여 계산한다(소득령 §178의5 ①). 그리고 해당 자산의 대금을 월부 · 연부 기타의 부불방법에 따라 수입하는 것 중 다음의 요건을 갖춘 장기할부조건의 경우에는 양도일 및 취득일을 양도가액 또는 취득가액을 수령하거나 지출한 날로 본다(소득법 §178의5 ②, 소득령 §162 ① 3호, 소득칙 §78 ③).

ⓐ 계약금을 제외한 해당 자산의 양도대금을 2회 이상으로 분할하여 수입할 것

ⓑ 양도하는 자산의 소유권이전등기(등록 및 명의개서 포함) 접수일 · 인도일 또는 사용수익일 중 빠른 날의 다음 날부터 최종 할부금의 지급기일까지의 기간이 1년 이상인 것

(4) 양도소득 기본공제

국외자산의 양도에 대한 양도소득이 있는 거주자에 대해서는 해당 과세기간의 양도소득금액에서 연 250만원을 공제한다(소득법 §118의7 ①). 이 경우 해당 과세기간의 양도소득금액에 소득세법 또는 조세특례제한법이나 그 밖의 법률에 따른 감면소득금액이 있는 경우에는 감면소득금액 외의 양도소득금액에서 먼저 공제하고, 감면소득금액 외의 양도소득금액 중에서는 해당 과세기간에 먼저 양도하는 자산의 양도소득금액에서부터 순서대로 공제한다(소득법 §118의7 ②). 그리고 외국법인이 발행하였거나 외국시장에 상장된 내국법인의 주식 등과 해외 파생상품시장에서 거래되는 파생상품의 경우에는 국내 주식 등이나 파생상품과 양도손익을 합산하여 계산하며(소득법 §102 ①), 기본공제금액도 국내외자산을 합산하여 연간 250만원을 공제한다(소득법 §103 ①).

(5) 양도소득세의 세율

① 일반자산의 경우

국외자산의 양도소득에 대한 소득세는 해당 과세기간의 양도소득과세표준에 다음의 세율을 적용하여 계산한 금액을 그 세액으로 한다(소득법 §118의5 ①).

과세표준	세율
1,400만원 이하	과세표준의 6%
1,400만원 초과 5,000만원 이하	84만원 + (1,400만원 초과 금액의 15%)
5,000만원 초과 8,800만원 이하	624만원 + (5,000만원 초과 금액의 24%)
8,800만원 초과 1억 5천만원 이하	1,536만원 + (8,800만원 초과 금액의 35%)
1억 5천만원 초과 3억원 이하	3,706만원 + (1억 5천만원 초과 금액의 38%)
3억원 초과 5억원 이하	9,406만원 + (3억원 초과 금액의 40%)
5억원 초과 10억원 이하	1억 7,406만원 + (5억원 초과 금액의 42%)
10억원 초과	3억 8,406만원 + (10억원 초과 금액의 45%)

② 외국법인이 발행하였거나 외국시장에 상장된 내국법인의 주식 등의 경우

외국법인이 발행하였거나 외국시장에 상장된 주식의 양도소득에 대한 세율은 다음과 같다(소득법 §104 ① 12호).

구분	세율
중소기업의 주식 등	과세표준의 10%
그 밖의 주식 등	과세표준의 20%

참고: 해외주식 양도 시 중소기업주식의 의미

해외주식 양도 시 소득세법 제118조의5 제1항 제2호 가목에서 규정하는 중소기업 주식은 외국증시에서 거래되는 국내중소기업 발행주식을 말하는 것임(부동산거래관리-993, 2011.11.25.)

③ 해외 파생상품시장에서 거래되는 파생상품의 경우

자본시장과 금융투자업에 관한 법률 제5조 제2항 제2호에 따른 해외 파생상품시장에서 거래되는 파생상품의 양도소득에 대한 세율은 탄력세율을 적용하여 과세표준의 10%로 한다(소득법 §104 ① 13호 · §104 ⑥, 소득령 §167의9).

(6) 외국납부세액의 공제

① 공제방법

국외자산의 양도소득에 대하여 해당 외국에서 과세를 하는 경우로서 그 양도소득에 대하여 국외자산 양도소득에 대한 세액('국외자산 양도소득세액')을 납부하였거나 납부할 것이 있을 때에는 다음의 방법 중 하나를 선택하여 적용할 수 있다(소득법 §118의6 ①).

ⓐ 외국납부세액의 세액공제방법

다음 계산식에 따라 계산한 금액을 한도로 국외자산 양도소득세액을 해당 과세기간의 양도소득 산출세액에서 공제하는 방법

$$공제한도금액 = A \times \frac{B}{C}$$

A : 소득세법 제118조의5에 따라 계산한 해당 과세기간의 국외자산에 대한 양도소득 산출세액
B : 해당 국외자산 양도소득금액
C : 해당 과세기간의 국외자산에 대한 양도소득금액

ⓑ 외국납부세액의 필요경비 산입방법

국외자산의 양도소득에 대하여 납부하였거나 납부할 국외자산 양도소득세액을 해당 과세기간의 필요경비에 산입하는 방법

② 공제대상 국외자산 양도소득세액

국외자산의 양도소득에 대한 공제대상세액은 국외자산의 양도소득에 대하여 외국정부(지방자치단체 포함)가 과세한 다음 중 어느 하나에 해당하는 세액을 말한다(소득령 §178의7 ①).

ⓐ 개인의 양도소득금액을 과세표준으로 하여 과세된 세액
ⓑ 개인의 양도소득금액을 과세표준으로 하여 과세된 세액의 부가세액

③ 공제신청서의 제출

국외자산 양도소득세액을 공제받고자 하거나 필요경비에 산입하고자 하는 자는 '국외자산 양도소득 세액공제(필요경비산입) 신청서'를 양도소득과세표준 확정신고(예정신고 포함) 기한 내에 납세지 관할 세무서장에게 제출하여야 한다(소득령 §178의7 ②).

(7) 국외자산 양도에 대한 준용규정

국외자산의 양도에 대한 양도소득세의 관하여는 국내자산의 양도소득세를 계산할 때 적용하는 다음의 소득세법 규정들을 준용한다. 다만, 아래 준용규정 중 소득세법 제95조에 따른 장기보유 특별공제액은 공제하지 아니한다. 즉, 국외자산의 경우 보유기간에 관계없이 장기보유 특별공제액은 적용할 수 없다(소득법 §118의8).

① 소득세법 제89조(비과세 양도소득)

② 소득세법 제90조(양도소득세의 감면)
③ 소득세법 제92조(양도소득과세표준의 계산)
④ 소득세법 제95조(양도소득금액)
⑤ 소득세법 제97조(양도소득의 필요경비 계산) 제3항
⑥ 소득세법 제98조(양도 또는 취득의 시기)
⑦ 소득세법 제100조(양도차익의 산정)
⑧ 소득세법 제101조(양도소득의 부당행위계산)
⑨ 소득세법 제105조(양도소득과세표준 예정신고)
⑩ 소득세법 제106조(예정신고납부)
⑪ 소득세법 제107조(예정신고 산출세액의 계산)
⑫ 소득세법 제110조(양도소득과세표준 확정신고)
⑬ 소득세법 제111조(확정신고납부)
⑭ 소득세법 제112조(양도소득세의 분할납부)
⑮ 소득세법 제114조(양도소득과세표준과 세액의 결정 · 경정 및 통지)
⑯ 소득세법 제114조의2(감정가액 또는 환산취득가액 적용에 따른 가산세)
⑰ 소득세법 제115조(주식 등에 대한 장부의 비치 · 기록의무 및 기장 불성실가산세)
⑱ 소득세법 제116조(양도소득세의 징수)
⑲ 소득세법 제117조(양도소득세의 환급)
⑳ 소득세법 제118조(준용규정)

참고: 동일연도에 국내자산과 국외자산을 각각 양도한 경우 양도손익의 통산 여부

해외 소재 자산의 양도일까지 국내에 계속 5년 이상 주소 또는 거소를 둔 개인인 거주자가 동일연도에 소득세법에 의한 국내자산과 국외자산을 각각 양도한 경우 국내자산과 국외자산의 양도소득과세표준 및 산출세액은 이를 각각 구분하여 산정하고, 국외자산의 양도에서 발생한 손실은 국내자산의 양도에서 발생한 소득금액과 통산하지 않는다. 다만, 주식 등과 파생상품의 경우에는 국내 주식 등이나 파생상품과 양도손익을 합산하여 계산한다(소득법 §102 ① · ②).

Ⅲ. 국외재산에 대한 증여세 과세특례

현행 상속세 및 증여세법에 따르면 증여세 과세대상이 되는 재산을 증여받는 수증자는 원칙적으로 증여세 납부의무가 있지만, 수증자가 비거주자인 경우에는 국내에 소재하고 있는 증여재산에 대하여만 증여세 납부의무를 지도록 하고 있다. 또한 수증자가 비거주자인 경우에는 원칙적으로 증여자가 수증자가 납부할 증여세를 연대하여 납부할 의무를 부여하고 있다. 그런데 거주자가 국외에 있는 재산을 비거주자에게 증여하는 경우 국내에서 비거주자에게 증여세 납부의무를 부담시킬 수 있는지, 그럴 경우 증여자는 그 증여세에 대하여 연대납부의무를 부담하는지 등에 대한 논란이 있을 수 있다. 이 문제와 관련해서는 현행 국제조세조정에 관한 법률 제35조에서 거주자가 비거주자에게 국외재산을 증여하는 경우의 증여세 과세특례를 규정하고 있는데, 이 규정에 따르면 수증자가 증여자의 특수관계인에 해당되는지 여부에 따라 증여세 납세의무를 달리 취급하고 있다.

1. 증여세 납세의무

(1) 원칙적인 경우

현행 상속세 및 증여세법 제4조의2 제1항에 따르면 수증자는 다음의 구분에 따른 증여재산에 대하여 증여세를 납부할 의무가 있다.

① 수증자가 거주자(본점이나 주된 사무소의 소재지가 국내에 있는 비영리법인 포함)인 경우
상속세 및 증여세법 제4조에 따라 증여세 과세대상이 되는 국내외의 모든 증여재산

② 수증자가 비거주자(본점이나 주된 사무소의 소재지가 외국에 있는 비영리법인 포함)인 경우
상속세 및 증여세법 제4조에 따라 증여세 과세대상이 되는 국내에 있는 모든 증여재산

(2) 거주자가 비거주자에게 국외재산을 증여하는 경우

국조법 제35조 제2항에서는 거주자가 비거주자에게 국외에 있는 재산을 증여(증여자의 사망으로 효력이 발생하는 증여는 제외)하는 경우에는 그 증여자가 상증법이 아닌 국조법에 따라 증여세를 납부할 의무가 있는 것으로 규정하고 있는데, 구체적인 내용은 아래와 같이 수증자가 증여자의 특수관계인에 해당하는지 여부에 따라 달라진다.

① 수증자가 증여자의 특수관계인이 아닌 경우

국조법 제35조 제3항에 따르면, 수증자가 증여자의 국세기본법 제2조 제20호에 따른 특수관계인이 아닌 경우로서 거주자가 비거주자에게 국외에 있는 재산을 증여(증여자의 사망으로 인하여 효력이 발생하는 증여는 제외)하면서, 해당 재산에 대하여 외국의 법령에 따라 증여세(실질적으로 이와 같은 성질을 가지는 조세 포함)가 부과되는 경우(세액을 면제받는 경우 포함)에는 증여세 납부의무를 면제하도록 규정하고 있다. 즉, 거주자가 국외에 있는 재산을 특수관계인이 아닌 비거주자에게 증여하고 그 증여재산에 대하여 외국에서 증여세를 부담하는 경우에는 우리나라에서는 증여세 납부의무가 없지만, 해당 재산에 대하여 외국법령에 따라 증여세가 부과되지 않는 경우에는 우리나라에서 증여세 납부의무를 부담하게 된다는 것이다.

② 수증자가 증여자의 특수관계인에 해당하는 경우

국조법 제35조 제3항의 반대해석으로, 거주자인 증여자가 국세기본법 제2조 제20호에 따른 특수관계인에 해당하는 수증자인 비거주자에게 국외재산을 증여하는 경우에는 상속세 및 증여세법이 아닌 국제조세조정에 관한 법률에 따라 그 증여자가 우리나라에서 증여세 납부의무를 부담하게 된다. 즉, 거주자가 국외에 있는 재산을 특수관계인에 해당하는 비거주자에게 증여하는 경우에는 비록 해당 증여재산이 소재하는 국가에서 증여세 납부의무를 부담하더라도 이중과세에 대한 조정은 별론으로 하더라도 우리나라에서 증여세를 납부할 의무가 있는 것이다.

참고: 비거주자인 피상속인이 비거주자인 상속인에게 증여한 국외재산의 상속세 과세가액 포함 여부

> 피상속인이 증여 당시 상속세 및 증여세법 제2조 제8호에 따른 비거주자로서 국외에 있는 재산을 비거주자인 상속인에게 증여하고 거주자가 된 후 사망한 경우, 같은 법 제13조 제1항을 적용할 때 해당 증여재산은 상속세 과세가액에 가산되지 않는 것임(기준법무재산2020-234, 2022.09.07.)

(3) 거주자가 비거주자에게 국외재산을 증여하는 경우의 납부의무자 및 연대납부의무 성립 여부

위에서 살펴본 것처럼 상증법 제4조의2 제1항에 따르면, 수증자가 비거주자인 경우 증여세 과세대상이 되는 국내에 있는 모든 증여재산에 대하여 증여세 납부의무를 부담해야 하고, 또한 같은 조 제6항에서는 국내재산을 증여받는 수증자가 비거주자인 경우 증여자가 수증자가 납부할 증여세를 연대하여 납부할 의무가 있는 것으로 규정하고 있다. 그리고 상증법 기본통칙 36-0-1에서는 증여자가 수증자가 부담해야 할 증여세를 대신 납부한 경우 그 증여세액은 상증법 제36조에 따른 채무면제 등에 해당하고, 그 증여재산가액은 상증법 제47조 제2항에 따라 당초 증여재산가액에 가산하게 된다. 그러나 증여자가 상증법 제4조의2 제6항에 따른 연대납부의무자로서 납부하는 증여세액에 대해서는 수증자에 대한 증여로 보지 않도록 하고 있다. 즉, 수증자가 납부해야 하는 증여세액을 증여자가 대신 납부하는 경우 그 대납세액은 다시 증여재산에 가산해야 하지만, 증여자가 연대납부의무자로서 수증자 대신 증여세를 납부한 경우 그 세액은 재차 증여로 보지 않겠다는 것이다.

그런데 국조법 제35조 제2항에서 거주자가 비거주자에게 국외에 있는 재산을 증여하는 경우에는 수증자가 아니라 그 증여자가 국조법에 따라 증여세를 납부할 의무가 있는 것으로 규정하고 있다. 이 규정에 따르면 증여자는 비거주자가 부담해야 할 증여세를 대신 납부하거나 연대납부의무자로서 납부하는 것이 아니라, 국조법 규정에 따라 증여자가 직접 증여세를 납부할 의무를 부담하는 것으로 해석되기 때문에 증여자가 납부하는 세액은 비거주자인 수증자에 대한 재차 증여에 해당되지 않는 것으로 보아야 할 것이다.

참고: 국제조세조정에 관한 법률에 따라 증여자에게 과세된 증여세를 수증자가 대신 납부하는 경우 연대납세의무자로서 납부한 것으로 볼 수 있는지 여부

거주자("증여자")가 비거주자("수증자")에게 국외재산을 증여하여 국제조세조정에 관한 법률 제21조 제1항(현행 제35조 제2항)에 따라 증여자에게 증여세가 과세되는 경우로서 수증자가 증여자를 대신하여 해당 증여세액을 납부하는 경우에는 증여자가 수증자로부터 상속세 및 증여세법 제36조에 의한 채무면제 등에 따른 증여를 받은 것에 해당하는 것임(기획재정부국제조세-168, 2025.03.13.)

2. 국외증여재산의 시가산정

(1) 시가가 확인되는 경우

거주자가 비거주자에게 국외에 있는 재산을 증여하여 국조법에 따라 거주자인 증여자가 우리나라에서 증여세를 납부할 의무가 있는 경우 증여재산의 가액은 해당 증여재산이 있는 국가의 증여 당시의 현황을 반영한 시가에 따르되, 다음 중 어느 하나에 해당하는 가액이 확인될 때에는 그 가액을 해당 증여재산의 시가로 한다. 여기서 주의할 점은 상증법에 따른 국내재산을 증여할 때 시가로 보는 기간의 범위가 평가기준일인 증여일 전 6개월부터 증여일 후 3개월까지의 실제매매가액 등으로 하는데 비해, 국외재산의 경우에는 증여일 전과 후 모두 6개월 이내의 실제매매가액 등을 시가로 본다는 것이다.

① 증여재산의 증여일 전후 6개월 이내에 이루어진 실제매매가액

② 증여재산의 증여일 전후 6개월 이내에 공신력 있는 감정기관이 평가한 감정가액

③ 증여재산의 증여일 전후 6개월 이내에 수용 등을 통하여 확정된 증여재산의 보상가액

참고: 국조법상 국외 증여재산 시가산정에 있어 외국 감정기관의 감정가액을 포함할 수 있는지 여부

> 국제조세조정에 관한 법률 시행령 제71조 제1항 제2호의 감정기관에 외국의 공신력 있는 감정기관이 포함되는 것임(서면법규국조2022-3830, 2024.03.26.)

(2) 시가산정이 어려운 경우

국외재산의 시가를 산정하기 어려울 때에는 해당 재산의 종류, 규모, 거래 상황 등을 고려하여 상증법 제61조부터 제65조까지의 규정을 준용하여 증여재산가액을 평가하는 것으로 하되, 그 평가방법이 적절하지 아니한 경우에는 감정평가 및 감정평가사에 관한 법률 제2조 제4호에 따른 감정평가법인 등이 평가하는 것으로 한다. 국내 소재 재산의 경우 시가산정이 어려운 경우 상증법에서 규정하고 있는 보충적 방법으로 평가하면 되지만, 국외 부동산의 경우 기준시가 등 보충적 방법으로 평가하는 것이 쉽지 않을 것이므로 현실적으로 감정평가를 통해 가액을 산정하는 것이 일반적일 텐데 국외재산을 감정평가하는 경우 절차상의 번거로움과 과다한 비용 등이 문제가 될 수 있을 것이다.

그런데 상증법 시행령 제58조의3에서는 국외재산 평가에 대하여 규정하고 있는데, 먼저 제1항에서는 외국에 있는 상속 또는 증여재산으로서 상증법 제60조 내지 제65조의 규정을 적용하는 것이 부적당한 경우에는 해당 재산이 소재하는 국가에서 양도소득세 · 상속세 또는 증여세 등의 부과목적으로 평가한 가액을 평가액으로 하도록 규정하고 있다. 그리고 같은 조 제2항에서는 해당 재산이 소재하는 국가에서 양도소득세나 상속세, 또는 증여세 등의 부과목적으로 평가한 가액이 없는 경우에는 세무서장 등이 둘 이상의 국내 또는 외국의 감정기관(주식 등에 대한 평가의 경우에는 기획재정부령으로 정하는 신용평가전문기관, 회계법인 또는 세무법인 포함)에 의뢰하여 감정한 가액을 참작하여 평가한 가액을 평가액으로 하도록 규정하고 있다. 따라서 증여하는 국외재산이 소재하는 국가에서 증여세 등의 부과목적으로 평가한 가액이 있는 경우에는 그 금액을 증여재산가액으로 하면 되겠지만, 문제는 해당 국가에서 양도세나 상속세, 증여세 등을 부과하기 위한 평가액은 없지만 재산세 등 다른 세금을 부과하기 위해 산정된 가액도 시가의 범위에 해당할 것인지 하는 것이다. 국내에서 국외재산을 평가하는 것의 어려움 등을 감안한다면 실무적으로는 해당 재산의 소재 국가에서 양도세나 상속세, 증여세 등의 부과목적이 아닌 재산세 등의 부과목적으로 산정된 가액이라도 파악이 된다면 그 금액을 증여재산가액으로 하여 증여세를 계산하여도 과세당국으로부터 인정받을 수 있을 것으로 판단된다.

참고: 해외비상장주식에 대한 보충적평가방법의 적정성 여부

> 해외비상장주식에 대한 상속세 및 증여세법 시행령의 이 사건 보충적평가방법은 우리나라의 문화 역사 경제상황을 반영한 입법정책의 문제일 뿐 국외재산 평가와 국내재산 평가와 같은 기준을 적용한다하더라도 별다른 불합리한 점이 발생한다고 보기 어려움(서울행법2020구합86873, 2022.11.10.)

3. 외국납부세액의 공제

거주자가 비거주자에게 국외에 있는 재산을 증여하여 국조법에 따라 증여자가 우리나라에서 증여세를 납부할 의무가 있는 때에 외국의 법령에 따라 그 국가에서 증여세를 납부한 경우에는, 국제적 이중과세의 조정을 위하여 아래와 같이 해당 재산 소재 국가에서 납부한 증여세에 상당하는 금액 증여세 산출세액에서 공제한다(국조법 §35 ⑤).

(1) 공제대상 외국납부세액의 범위

증여세 산출세액에서 공제할 외국법령에 따른 증여세 납부액은 다음의 세액(가산세 제외)으로서 국조법에 따른 증여세 납부의무자가 실제로 외국정부(지방자치단체 포함)에 납부한 세액(이하 "외국납부세액"이라 한다)으로 한다(국조령 §72 ①).

① 증여를 원인으로 과세하고, 증여한 재산의 가액을 과세표준으로 하여 외국의 법령에 따라 부과된 조세(실질적으로 이와 같은 성질을 가지는 조세 포함)의 세액

② 위 ①에 따른 세액의 부가세액

참고: 비거주자에게 캐나다 부동산을 증여하고 캐나다에서 소득세를 납부하였을 경우 외국납부세액공제 가능 여부

한국 거주자가 특수관계인인 캐나다 거주자(한국 비거주자)에게 캐나다 소재 부동산을 증여하고 이에 대하여 캐나다 소득세법에 따라 증여 당시의 시가와 취득가액 등의 차액에 대해 납부한 소득세 상당액은 국제조세조정에 관한 법률 제35조 제5항 및 동법 시행령 제72조에 따른 외국납부세액공제의 대상이 되지 않는 것임(서면법규국조2023-3283, 2024.05.31.)

(2) 외국납부세액공제의 한도

외국납부세액은 다음 계산식에 따라 산출한 금액("공제한도")을 한도로 증여세 산출세액에서 공제한다. 이 경우 공제한도는 상증법에 따른 증여세 산출세액을 초과할 수 없다(국조령 §72 ②).

$$\text{상증법에 따른 증여세 산출세액} \times \frac{\text{외국의 법령에 따라 증여세를 납부한 증여재산의 과세표준 (해당 외국의 법령에 따른 증여세의 과세표준을 말한다)}}{\text{상증법에 따른 증여세 과세표준}}$$

(3) 외국납부세액의 원화환산 등

외국납부세액공제를 적용할 때 증여재산의 과세표준에 대한 원화환산은 증여일 현재의 외국환거래법에 따른 기준환율 또는 재정환율에 따르고, 외국납부세액에 대한 원화환산은 원칙적으로 외국의 법령에 따라 증여세를 납부한 날의 외국환거래법에 따른 기준환율 또는 재정환율에 따른다(국조령 §72 ③). 다만, 증여세의 납부의무자가 외국의 법령에 따른 증여세의 납부기간을 경과하여 증여세를 납부한 경우에는 그 납부기간의 마지막 날의 외국환거래법에 따른 기준환율 또는 재정환율에 따른다. 그리고 증여세의 납부의무자가 국내에서 외국납부세액을 공제받은 후 외국에서 경정 등의 사유로 국내에 추가로 증여세를 납부하거나 환급해야 하는 경우에는 다음의 구분에 따른 날의 외국환거래법 제5조에 따른 기준환율 또는 재정환율에 따른다(국조칙 §42).

① 외국납부세액을 공제받을 때 증여세를 납부한 날의 기준환율 또는 재정환율을 적용한 경우
증여세를 납부한 날

② 외국납부세액을 공제받을 때 납부기간의 마지막 날의 기준환율 또는 재정환율을 적용한 경우
증여세 납부기간의 마지막 날

(4) 외국납부세액 공제신청서와 증명서류의 제출

외국법령에 따라 납부한 외국납부세액을 공제받으려는 자는 증여세 과세표준을 신고할 때 기획재정부령으로 정하는 외국납부세액 공제신청서와 증명서류를 납세지 관할 세무서장에게 제출하여야 한다. 이 경우 외국정부의 증여세 결정·통지의 지연, 납부기간의 차이 등의 사유로 증여세 과세표준을 신고할 때 증명서류를 제출할 수 없는 경우에는 외국정부의 증여세 결정통지를 받은 날부터 3개월 이내에 외국납부세액 공제신청서와 증명서류를 납세지 관할 세무서장에게 제출할 수 있다. 그리고 외국정부가 해당 증여재산에 대하여 결정한 증여세액을 경정함으로써 외국납부세액에 변동이 생긴 경우에도 외국정부의 증여세 결정통지를 받은 날부터 3개월 이내에 외국납부세액 공제신청서와 증명서류를 납세지 관할 세무서장에게 제출할 수 있다. 이 경우 환급세액이 발생하면 「국세기본법」 제51조에 따라 충당하거나 환급할 수 있다(국조령 §72 ④·⑤·⑥).

4. 국외재산 증여에 대한 증여세 과세 시 준용 규정 등

(1) 준용규정

국제조세조정에 관한 법률에 따라 국외재산증여에 대하여 증여세를 과세하는 경우에는 상속세 및 증여세법의 아래 규정들을 준용한다(국조법 §35 ⑥).

① 상속세 및 증여세법 제4조의2(증여세 납세의무) 제3항

② 상속세 및 증여세법 제47조(증여세 과세가액)

③ 상속세 및 증여세법 제53조(증여재산공제)

④ 상속세 및 증여세법 제54조(준용규정)
⑤ 상속세 및 증여세법 제55조(증여세의 과세표준 및 과세최저한)
⑥ 상속세 및 증여세법 제56조(증여세 세율)
⑦ 상속세 및 증여세법 제57조(직계비속에 대한 증여의 할증과세)
⑧ 상속세 및 증여세법 제58조(납부세액공제)
⑨ 상속세 및 증여세법 제68조(증여세 과세표준신고)
⑩ 상속세 및 증여세법 제69조(신고세액공제) 제2항
⑪ 상속세 및 증여세법 제70조(자진납부)
⑫ 상속세 및 증여세법 제71조(연부연납)
⑬ 상속세 및 증여세법 제72조(연부연납 가산금)
⑭ 상속세 및 증여세법 제76조(결정 · 경정)

(2) 비거주자에게 국외재산 증여 시 증여재산공제를 적용받을 수 있는지 여부

상증법 제53조의 증여재산공제는 원칙적으로 거주자가 배우자나 직계존비속, 또는 기타 친족으로부터 증여받는 경우에 적용받을 수 있다. 따라서 비거주자가 거주자로부터 증여를 받는 경우에는 증여재산공제를 적용할 수 없기 때문에, 비거주자가 거주자로부터 국외재산을 증여받는 경우에도 증여재산공제를 받을 수 없는 것이 당연하다고 할 수 있다. 그런데 거주자가 특수관계인인 비거주자에게 국외재산을 증여하면서 국조법에 따라 증여세 납부의무를 부담하는 경우, 국조법에서 상증법상의 증여재산공제 규정을 준용하도록 하고 있기 때문에 이런 경우 증여재산공제를 적용할 수 있는가 하는 것이 논란이 될 수 있다. 이와 관련하여 조세심판원은 국외재산을 비거주자에게 증여하고 국내에서 증여세를 납부하는 경우에는 국조법에 따라 증여재산공제도 준용되기 때문에 증여재산공제가 가능한 것으로 해석하고 있다(조심2016서113, 2016.03.30.).

참고: 거주자가 비거주자에게 국외재산 증여 시 증여재산공제 적용 가능 여부

거주자인 아버지가 비거주자인 자녀에게 국외예금을 증여한 경우 증여재산공제 적용대상인지에 대한 사건에서, 조세심판원은 거주자가 비거주자에게 국외재산을 증여하여 국제조세조정에 관한 법률에 따라 증여자에게 증여세를 과세하는 경우에는 증여재산공제가 적용되는 것으로 해석하고 있다(조심 2016서113, 2016.3.30.). 이 건과 관련하여 조세심판원의 결정이유를 보면, "국제조세조정에 관한 법률 제21조 제1항 본문은 거주자가 비거주자에게 국외 재산을 증여하는 경우에는 상속세 및 증여세법 제2조 제1항 제2호 및 제4조 제2항에 불구하고 증여자가 국제조세조정에 관한 법률에 따라 증여세를 납부할 의무가 있다고 규정하고 있고, 같은 조 제3항은 위 제1항에 따라 증여세를 과세하는 경우에는 상증세법 제53조를 준용한다고 규정하고 있으므로 거주자가 비거주자에게 국외 재산을 증여하여 국제조세조정에 관한 법률에 따라 증여자에게 증여세를 과세하는 경우에는 증여재산공제가 적용되는 것으로 보이는 점, 상속세 및 증여세법 제2조 제1항 제2호 및 제4조 제2항은 비거주자가 거주자로부터 국외 예금이나 국외 적금 등 대통령령으로 정하는 재산('국외예금 등')을 수증받은 경우 그 수증재산이 상증세법의 증여세 과세대상이고 이 경우 수증자(비거주자)가 증여세 납부의무자라고 규정하고 있으나, 국제조세조정에 관한 법률 제3조는 국제조세조정에 관한 법률이 다른 세법에 우선하여 적용된다고 명시하고 있고, 동 조항의 특례규정인 국제조세조정에 관한 법률 제21조 제1항 본문은 앞서 보았듯이 여전히 이와 같은 경우 증여자에게 증여세를 납부할 의무가 있다고 규정하고 있는 점, 국제조세조정에 관한 법률 제21조 제1항 단서는 상속세 및 증여세법 또는 외국 법령에 따라 증여세가 부과되는 경우에는 그러하지 아니하다고 규정하고 있으나, 이를 언제나 국제조세조정에 관한 법률에 우선하여 상속세 및 증여세법이 적용된다는 의미로 단정하기 어려운 점, 증여자인 청구인의 아버지 OOO은 처분청의 청구인에 대한 과세처분을 하기 이전인 OOO 처분청에 국제조세조정에 관한 법률에 따라 증여세를 신고 · 납부한 점 등에 비추어 쟁점 증여에 대하여는 국제조세조정에 관한 법률에 따라 증여자인 청구인의 아버지를 납세의무자로 보되 증여재산공제 또한 적용하는 것이 타당한 것으로 판단된다"라고 하고 있다.

■ 국제조세조정에 관한 법률 시행규칙 [별지 제34호서식](2021.03.16 개정)

외국납부세액공제신청서

가. 외국납부세액 납부자 및 과세물건

① 성 명		② 주민등록번호	
③ 주 소	(☎:)		
④ 과세물건	종 류	소 재 지	

나. 공제세액 계산

⑤ 외국납부세액		⑥ 증여세 산출세액	
⑦ 증여세 과세표준		⑧ 외국의 법령에 따라 증여세를 납부한 증여재산의 과세표준	
⑨ 외국납부세액 공제 한도 (⑥ × ⑧/⑦)		⑩ 공제세액(⑤와 ⑨ 중 작은 금액)	

「국제조세조정에 관한 법률」 제35조 제5항 및 같은 법 시행령 제72조 제4항에 따라 외국납부세액공제 신청서를 제출합니다.

년 월 일

신고인 (서명 또는 인)

세무서장 귀하

제출서류	1. 외국에서 증여세가 부과된 사실을 입증할 수 있는 서류 2. 외국에서 부과된 증여세를 납부한 영수증 등 증명서류	수수료 없음

작성방법

※ 이 신청서를 작성할 때 외국화폐 단위의 원화환산은 「국제조세조정에 관한 법률 시행령」 제72조 제3항 및 「국제조세조정에 관한 법률 시행규칙」 제42조의 방법에 따릅니다.

1. ⑤ 외국납부세액란은 「국제조세조정에 관한 법률」 제35조 제2항에 따른 증여세 납부의무자가 실제로 외국정부(지방자치단체를 포함)에 납부한 세액을 적습니다.

2. ⑥ 증여세 산출세액란은 「상속세 및 증여세법」에 따른 증여세 산출세액을 적습니다.

3. ⑦ 증여세 과세표준란은 「상속세 및 증여세법」에 따른 증여세 과세표준을 적습니다.

4. ⑧ 외국의 법령에 따라 증여세를 납부한 증여재산의 과세표준란은 외국의 법령에 따른 증여세 과세표준을 적습니다.

210mm×297mm[백상지 80g/㎡ 또는 중질지 80g/㎡]

제4장

해외투자에 대한 자료제출 및 해외금융계좌의 신고

Ⅰ. 해외직접투자 등에 대한 자료제출 의무

1. 해외현지법인 명세서 등의 제출

외국환거래법 제3조 제1항 제18호에 따른 해외직접투자를 한 거주자(해당 과세기간 종료일 10년 전부터 국내에 주소나 거소를 둔 기간의 합계가 5년 이하인 외국인 거주자는 제외) 또는 내국법인은 소득세법에 따른 과세기간 또는 법인세법에 따른 사업연도 종료일이 속하는 달의 말일부터 6개월 이내에 다음의 자료를 납세지 관할 세무서장에게 제출하여야 한다. 소득세법에 따른 과세기간 또는 법인세법에 따른 사업연도 중 해외직접투자를 받은 외국법인의 주식 또는 출자지분을 양도하거나 해외직접투자를 받은 외국법인이 청산하여 해외직접투자에 해당하지 아니하게 되는 경우에도 또한 같다(국조법 §58 ①). 즉 개인 거주자와 사업연도 종료일이 12월 말인 내국법인의 경우에는 6월 말까지 해외현지법인 명세서 등을 제출하여야 한다.

제출 자료	제출 요건
해외현지법인 명세서	외국환거래법 제3조 제1항 제18호 가목에 따른 해외 직접투자를 한 거주자나 내국법인
해외현지법인 명세서, 해외현지법인 재무상황표	외국환거래법 제3조 제1항 제18호 가목에 따른 해외 직접투자 중 다음 중 어느 하나에 해당하는 거주자나 내국법인

제출 자료	제출 요건
	① 해외직접투자를 받은 법인("피투자법인")의 발행주식총수 또는 출자총액의 10% 이상을 소유하고 그 투자금액이 1억원 이상인 거주자나 내국법인 ② 피투자법인의 발행주식총수 또는 출자총액의 10% 이상을 직접 또는 간접으로 소유하고 그 피투자법인과 국조법 제2조 제1항 제3호에 따른 특수관계에 있는 거주자나 내국법인
해외현지법인 명세서, 해외현지법인 재무상황표, 손실거래명세서	피투자법인의 발행주식총수 또는 출자총액의 10% 이상을 직접 또는 간접으로 소유하고 그 피투자법인과 국조법 제2조 제1항 제3호에 따른 특수관계에 있는 거주자나 내국법인 중 해외직접투자를 한 거주자 또는 내국법인의 손실거래(해외직접투자를 받은 외국법인과의 거래에서 발생한 손실거래로 한정) 또는 해외직접투자를 받은 외국법인의 손실거래(해외직접투자를 한 내국법인과의 거래에서 발생한 손실거래는 제외)의 건별 손실금액이 다음의 구분에 따른 요건을 갖춘 거주자 또는 내국법인 ① 거주자: 손실거래금액이 단일 과세기간에 10억원 이상이거나 최초 손실이 발생한 과세기간부터 5년이 되는 날이 속하는 과세기간까지의 누적 손실금액이 20억원 이상일 것 ② 내국법인: 손실거래금액이 단일 사업연도에 50억원 이상이거나 최초 손실이 발생한 사업연도부터 5년이 되는 날이 속하는 사업연도까지의 누적 손실금액이 100억원 이상일 것
해외영업소 설치현황표	외국환거래법 제3조 제1항 제18호 나목에 따라 해외에 영업소를 설치·확장·운영하는 거주자나 내국법인

2. 해외부동산 취득 등 명세서 제출

외국환거래법 제3조 제1항 제19호에 따른 자본거래 중 외국에 있는 부동산 또는 이에 관한 권리(해외부동산 등)를 취득하여 보유하고 있거나 처분한 거주자 또는 내국법인이 다음 중 어느 하나에 해당하는 경우에는 소득세법에 따른 과세기간 또는 법인세법에 따른 사업연도 종료일이 속하는 달의 말일부터 6개월 이내에 다음의 구분에 따른 해외부동산 등 명세를 납세지 관할 세무서장에게 제출하여야 한다(국조법 §58 ②). 즉 개인 거주자와 사업연도 종료일이 12월 말인 내국법인의 경우에는 6월 말까지 해외현지법인 명세서 등을 제출하여야 한다.

제출 자료	제출 요건
해외부동산 등 취득·투자운용(임대) 및 처분 명세 및 과세기간(사업연도) 종료일 현재의 보유현황	해외부동산 등의 취득가액이 2억원 이상인 경우
해외부동산 등의 처분 명세	해외부동산 등의 취득가액이 2억원 미만으로서 처분 가액이 2억원 이상인 경우

3. 해외신탁명세 제출

(1) 제출 자료 등

외국의 법령에 따른 신탁 중 신탁법에 따른 신탁과 유사한 것("해외신탁")을 설정(재산을 해외신탁에 이전하는 경우 포함)하는 거주자 또는 내국법인("위탁자")은 다음의 구분에 따른 해외신탁명세(해외신탁의 내용과 해외신탁재산의 가액 등 해외신탁의 설정과 관련된 명세를 말함)를 소득세법 제5조에 따른 과세기간 또는 법인세법 제6조에 따른 사업연도 종료일이 속하는 달의 말일부터 6개월 이내에 납세지 관할 세무서장에게 제출하여야 한다(국조법 §58 ③). 이 경우 해외신탁명세를 제출하여야 하는 위탁자가 여럿인 경우에는 각각의 위탁자가 해외신탁명세를 제출하여야 하지만, 위탁자 중 일부가 해외신탁명세를 제출한 것을 납세지 관할 세무서장이 확인한 경우에는 다른 위탁자의 해외신탁명세 제출의무는 면제한다(국조법 §58 ④).

제출 자료	제출 요건
해외신탁 설정일부터 종료일까지의 기간이 속하는 각 「소득세법」 제5조에 따른 과세기간 또는 「법인세법」 제6조에 따른 사업연도의 해외신탁명세	위탁자가 해외신탁을 해지할 수 있는 권리, 수익자를 지정하거나 변경할 수 있는 권리 또는 해외신탁 종료 후 잔여재산을 귀속 받을 권리를 보유하는 등 위탁자가 해외신탁재산을 실질적으로 지배·통제하는 해외신탁의 경우
해외신탁 설정일이 속하는 「소득세법」 제5조에 따른 과세기간 또는 「법인세법」 제6조에 따른 사업연도의 해외신탁명세	제1호의 해외신탁을 제외한 해외신탁의 경우

(2) 해외신탁재산의 가액

해외신탁명세를 제출할 때 해외신탁재산의 가액은 해외신탁재산이 있는 국가의 현황을 반영한 것으로서 다음의 구분에 따른 시가에 따른다. 다만, 시가를 산정하기 어려운 경우에는 그 해외신탁재산의 가액은 취득가액으로 한다(국조법 §58 ④).

시가를 산정하기 어려운 경우 그 해외신탁재산의 가액은 취득가액으로 한다.

① 위탁자가 해외신탁재산을 실질적으로 지배 · 통제하는 경우: 다음의 구분에 따른 시가

ⓐ 해외신탁이 유지되는 경우: 소득세법 제5조에 따른 과세기간 또는 법인세법 제6조에 따른 사업연도 종료일 현재의 시가

ⓑ 해외신탁이 종료된 경우: 해외신탁 종료일 현재의 시가

② 그 밖의 경우: 해외신탁 설정일 현재의 시가

(3) 해외신탁재산의 시가의 산정

해외신탁재산의 시가는 다음의 구분에 따른 금액으로 산정한다(국조령 §98 ⑥).

① 현금: 시가기준일의 종료시각 현재 잔액

② 자본시장과 금융투자업에 관한 법률에 따른 증권시장 또는 이와 유사한 해외 증권시장에 상장된 주식과 그 주식을 기초로 발행한 예탁증서: 시가기준일의 최종 가격(시가기준일이 거래일이 아닌 경우에는 그 직전 거래일의 최종 가격)

③ 자본시장과 금융투자업에 관한 법률에 따른 증권시장 또는 이와 유사한 해외 증권시장에 상장된 채권: 시가기준일의 최종 가격(시가기준일이 거래일이 아닌 경우에는 그 직전 거래일의 최종 가격)

④ 자본시장과 금융투자업에 관한 법률에 따른 집합투자증권 및 이와 유사한 해외집합투자증권: 시가기준일의 기준가격(시가기준일의 기준가격이 없는 경우에는 시가기준일의 환매가격 또는 그 전의 가장 가까운 날의 기준가격)

⑤ 보험업법에 따른 보험상품 및 이와 유사한 해외보험상품: 시가기준일의 종료시각 현재의 납입금액

⑥ 가상자산 이용자 보호 등에 관한 법률 제2조 제1호의 가상자산 및 이와 유사한 자산: 시가기준일의 최종 가격(시가기준일이 거래일이 아닌 경우에는 그 직전 거래일의 최종 가격으로 하되, 해당 가상자산의 매매 또는 교환을 할 수 있는 시장이 운영되지 않아 시가기준일의 최종 가격을 확인할 수 없는 경우에는 해당 가상자산이 거래되는 국내외 시장의 시가기준일의 최종 가격 중에서 위탁자가 선택한 하나의 가격)

⑦ 위 ①부터 ⑥까지에서 규정한 해외신탁재산 외의 해외신탁재산: 불특정 다수인 사이에 자유롭게 거래가 이루어지는 경우에 통상적으로 성립된다고 인정되는 가액

4. 자료제출 의무 불이행에 대한 자료제출 요구 등

(1) 자료제출 의무 불이행에 대한 제출 및 보완요구

과세당국은 거주자나 내국법인이 해외직접투자명세 등과 해외부동산 등 명세, 해외신탁명세("해외현지법인명세서 등")를 제출하지 않거나 거짓된 해외현지법인명세서 등을 제출한 경우에는 해외현지법인명세서 등의 제출이나 보완을 요구할 수 있다(국조법 §58 ⑤). 이렇게 자료제출 또는 보완을 요구받은 자는 요구받은 날부터 60일 이내에 해당 자료를 제출하여야 한다(국조법 §58 ⑥).

(2) 자료제출 의무 불이행 시 취득자금출처에 대한 소명요구

① 취득자금 출처에 대한 소명요구

과세당국은 거주자 또는 내국법인이 소명 요구일 전 10년 이내에 해외직접투자를 받은 외국법인의 주식 또는 출자지분을 취득하거나 해외부동산 등을 취득하거나 해외신탁을 설정한 경우로서 다음 중 어느 하나에 해당하는 경우에는 그 거주자 또는 내국법인에 다음의 구분에 따른 금액(외국환거래법 제18조에 따라 신고한 금액은 제외함)의 출처에 관하여 소명을 요구할 수 있다(국조법 §59 ①).

ⓐ 해외직접투자의 명세 자료를 제출하지 않거나 거짓된 자료를 제출한 경우

외국환거래법 제3조 제1항 제18호 가목에 따른 해외직접투자를 받은 외국법인의 주식 등의 취득에 든 금액

ⓑ 해외부동산 등의 투자 명세 및 해외부동산 등의 투자운용 및 처분과 관련된 자료를 제출하지 않거나 거짓된 자료를 제출한 경우
해외부동산 등의 취득에 든 금액

ⓒ 해외신탁명세를 제출하지 않거나 거짓된 자료를 제출한 경우
해외신탁재산의 취득에 든 금액

② 자금출처 소명요구에 대한 소명기한 및 소명범위

과세당국으로부터 해외현지법인명세서 등에 대한 소명을 요구받은 거주자나 내국법인은 통지를 받은 날부터 90일 이내에 소명을 해야 하고, 이 경우 소명을 요구받은 거주자나 내국법인이 소명을 요구받은 금액의 80% 이상에 대하여 출처를 소명한 경우에는 소명을 요구받은 전액에 대하여 소명한 것으로 본다(국조법 §59 ②). 그런데 자금출처에 대한 소명요구를 받은 거주자나 내국법인이 자료의 수집 · 작성에 상당한 기간이 걸리는 등 다음에 해당하는 부득이한 사유로 소명기간의 연장을 신청하는 경우에는 과세당국은 60일의 범위에서 한 차례만 그 소명기간의 연장을 승인할 수 있다(국조법 §59 ③).

ⓐ 화재 · 재난 및 도난 등의 사유로 자료를 제출할 수 없는 경우
ⓑ 사업이 중대한 위기에 처해 자료를 제출하기 매우 곤란한 경우
ⓒ 관련 장부 · 서류가 권한 있는 기관에 압수되거나 영치된 경우
ⓓ 자료의 수집 · 작성에 상당한 기간이 걸려 기한까지 자료를 제출할 수 없는 경우
ⓔ 그 밖에 위 ⓐ부터 ⓓ까지의 규정에 따른 사유와 유사한 사유가 있어 기한까지 자료를 제출할 수 없다고 판단되는 경우

5. 자료제출 의무 불이행에 대한 제재

(1) 해외직접투자명세 등의 자료제출 의무 불이행에 대한 과태료

해외직접투자명세 등의 자료제출 의무가 있는 거주자나 내국법인이 다음 중

어느 하나에 해당하는 경우 그 거주자나 내국법인에 대해서는 5천만원 이하의 과태료를 부과한다. 다만, 기한까지 자료제출이 불가능하다고 인정되는 경우 등 정당한 사유가 있는 경우에는 과태료를 부과하지 아니한다(국조법 §91 ①).

① 당초 자료제출 기한까지 해외현지법인 명세서 등을 제출하지 아니하거나 거짓된 해외현지법인 명세서 등을 제출하는 경우
② 당초 기한까지 자료제출을 하지 않는 경우 등에 해당되어 자료제출 또는 보완을 요구받고 정해진 보완요구 기한까지 해당 자료를 제출하지 아니하거나 거짓된 자료를 제출하는 경우

(2) 해외부동산 등의 자료제출 의무 불이행에 대한 과태료

해외부동산 등의 투자명세 및 해외부동산 등과 관련된 자료의 제출의무가 있는 거주자나 내국법인이 다음 중 어느 하나에 해당하는 경우 그 거주자나 내국법인에 대해서는 해외부동산 등의 취득가액, 처분가액 및 투자운용 소득의 10% 이하의 과태료(1억원을 한도로 함)를 부과한다. 다만, 기한까지 자료제출이 불가능하다고 인정되는 경우 등 정당한 사유가 있는 경우에는 과태료를 부과하지 아니한다(국조법 §91 ②, 국조령 §148 ③).

① 당초 자료제출 기한까지 해외부동산 등의 투자 명세 등을 제출하지 아니하거나 거짓된 해외부동산 등의 투자 명세 등을 제출하는 경우
② 당초 기한까지 자료제출을 하지 않는 경우 등에 해당되어 자료제출 또는 보완을 요구받고 정해진 보완요구 기한까지 해당 자료를 제출하지 아니하거나 거짓된 자료를 제출하는 경우

참고: 과태료 부과대상 해외부동산 등의 취득가액 등

해외부동산 등의 취득 및 처분 등과 관련된 자료 미제출로 인한 과태료 산정 시 과태료 부과대상 취득가액이나 처분가액, 투자운용소득은 다음과 같이 계산한 금액으로 한다.

구 분	내 용
취득가액	소득세법 제118조의4 제1항 제1호나 법인세법 제41조에 따른 취득가액에서 해당 부동산 등의 취득과 관련해 외국환거래법 제18조에 따라 금융기관에 신고한 금액을 뺀 가액
처분가액	소득세법 제118조의3에 따른 양도가액에서 해당 해외부동산 등의 처분과 관련해 외국환거래법 제20조에 따라 금융기관에 보고한 금액을 뺀 가액
투자운용소득	해외부동산 등의 투자운용과 관련된 소득세법 제24조(총수입금액의 계산)나 법인세법 제15조(익금의 범위)에 따른 총수입금액이나 익금 등

(3) 해외신탁명세 제출 의무 불이행에 대한 과태료

해외신탁명세를 제출할 의무가 있는 위탁자가 다음 중 어느 하나에 해당하는 경우 그 위탁자에게는 해외신탁재산 가액의 10% 이하의 과태료(1억원 한도)를 부과한다. 다만, 제58조 제3항 또는 제6항에 따른 기한까지 자료 제출이 불가능하거나 불필요하다고 인정되는 경우 등 대통령령으로 정하는 부득이한 사유가 있는 경우에는 과태료를 부과하지 아니한다(국조법 §91 ④).

① 당초 자료제출 기한까지 해외신탁명세를 제출하지 아니하거나 거짓된 해외부동산 등의 투자 명세 등을 제출하는 경우

② 당초 기한까지 자료제출을 하지 않는 경우 등에 해당되어 자료제출 또는 보완을 요구받고 정해진 보완요구 기한까지 해당 자료를 제출하지 아니하거나 거짓된 자료를 제출하는 경우

(4) 취득자금 출처의 소명요구 불응에 대한 과태료

거주자나 내국법인이 당초 자료제출 기한까지 해외직접투자의 명세, 해외부동산 등의 투자 명세 및 해외부동산 등의 투자운용 및 처분, 해외신탁과 관련된 자료를 제출하지 않거나 거짓된 자료를 제출한 경우에 해당되어 납세지 관할 세무서장으로부터 그 취득자금의 출처에 대하여 소명을 요구받고 소명대상 금액의 출처에 대하여 소명하지 아니하거나 거짓으로 소명한 경우에는 소명하지 아니하거나 거짓으로 소명한 금액의 20%에 상당하는 과태료를 부과한다. 다만, 천재지

변 등 다음 중 어느 하나에 해당하는 정당한 사유가 있는 경우에는 과태료를 부과하지 아니한다(국조법 §91 ③, 국조령 §148 ⑤).

① 천재지변, 화재·재난, 도난 등 불가항력적인 사유로 증명서류 등이 없어져 소명이 불가능한 경우

② 해당 해외현지법인, 해외부동산 등 또는 해외신탁재산의 소재 국가의 사정 등으로 소명이 불가능한 경우

6. 과태료 부과기준과 불복가능 여부

(1) 과태료의 부과기준

거주자나 내국법인이 해외현지법인 등에 대한 자료제출 의무를 제대로 이행하지 아니한 경우에는 다음과 같이 국조법 시행령 별표에서 정하는 과태료가 부과된다(국조령 §148 ①). 이렇게 과태료를 부과하는 경우 납세지 관할 세무서장은 위반행위의 정도, 위반 횟수, 위반행위의 동기와 그 결과 등을 고려해 과태료 부과기준에 따른 과태료 금액의 50%의 범위에서 그 금액을 줄이거나 늘려 부과할 수 있다. 다만, 과태료 금액을 늘려 부과하는 경우에는 국조법 제91조 제1항부터 제4항까지의 규정에 따른 과태료의 상한을 넘을 수 없다(국조령 §148 ⑦).

위반행위		과태료	
		거주자	내국법인
해외직접 투자명세 등의 자료 제출의무 있는 거주자 또는 내국법인	1. 국조법 제58조 제1항에 따른 기한까지 다음의 자료를 제출하지 않거나 거짓된 자료를 제출한 경우 1) 해외현지법인 명세서 2) 해외현지법인 재무상황표 3) 손실거래명세서 4) 해외영업소 설치 현황표	건별 500만원	건별 1천만원
	2. 국조법 제58조 제5항에 따라 자료 제출 또는 보완을 요구받은 날부터 60일 이내에 다음의 자료를 제출하지 않거나 거짓된 자료를 제출한 경우	건별 500만원	건별 1천만원

<table>
<tr><th colspan="2" rowspan="2">위반행위</th><th colspan="2">과태료</th></tr>
<tr><th>거주자</th><th>내국법인</th></tr>
<tr><td></td><td>1) 해외현지법인 명세서
2) 해외현지법인 재무상황표
3) 손실거래명세서
4) 해외영업소 설치 현황표</td><td></td><td></td></tr>
<tr><td rowspan="10">해외부동산 등 명세의 자료 제출의무 있는 거주자 또는 내국법인</td><td>1. 국조법 제58조 제2항 각 호 외의 부분에 따른 기한까지 다음의 자료를 제출하지 않거나 거짓된 자료를 제출한 경우</td><td colspan="2"></td></tr>
<tr><td>1) 해외부동산등 취득명세</td><td colspan="2">해외부동산 등 취득가액의 10% (1억원 한도)</td></tr>
<tr><td>2) 해외부동산등 보유명세</td><td colspan="2">해외부동산 등 취득가액의 10% (1억원 한도)</td></tr>
<tr><td>3) 해외부동산등 투자운용(임대)명세</td><td colspan="2">해외부동산 등 투자운용 소득의 10% (1억원 한도)</td></tr>
<tr><td>4) 해외부동산등 처분명세</td><td colspan="2">해외부동산 등 처분가액의 10% (1억원 한도)</td></tr>
<tr><td>2. 국조법 제58조 제5항에 따라 자료 제출 또는 보완을 요구받은 날부터 60일 이내에 다음의 자료를 제출하지 않거나 거짓된 자료를 제출한 경우</td><td colspan="2"></td></tr>
<tr><td>1) 해외부동산등 취득명세</td><td colspan="2">해외부동산등 취득가액의 10% (1억원 한도)</td></tr>
<tr><td>2) 해외부동산등 보유명세</td><td colspan="2">해외부동산등 취득가액의 10% (1억원 한도)</td></tr>
<tr><td>3) 해외부동산등 투자운용(임대)명세</td><td colspan="2">해외부동산등 투자운용 소득의 10% (1억원 한도)</td></tr>
<tr><td>4) 해외부동산등 처분명세</td><td colspan="2">해외부동산등 처분가액의 10% (1억원 한도)</td></tr>
<tr><td>해외신탁 명세 자료 제출의무 있는 위탁자</td><td>1. 국조법 제58조 제3항에 따른 기한까지 해외신탁명세를 제출하지 않거나 거짓된 해외신탁명세를 제출한 경우</td><td colspan="2">해외신탁재산 가액의 10% (1억원 한도)</td></tr>
</table>

위반행위		과태료	
		거주자	내국법인
	2. 국조법 제58조 제5항에 따라 자료 제출 또는 보완을 요구받은 날부터 60일 이내에 해외신탁명세를 제출하지 않거나 거짓된 해외신탁명세를 제출한 경우	해외신탁재산 가액의 10% (1억원 한도)	

(2) 과태료 부과의 국세기본법상 불복대상 여부

일반적으로 과태료 부과처분과 같이 질서위반행위로 인한 과태료의 부과 · 징수 및 재판 등에 관한 사항은 질서위반행위규제법의 적용을 받는 것으로, 과태료 부과처분은 국세기본법상 불복대상은 아니어서 해외현지법인 등에 대한 자료제출 의무 불이행으로 과태료가 부과된 경우 국세기본법상에 따른 불복절차가 아닌 소송을 통해 다퉈야 한다(조심 2017서4981, 2018.6.12.). 질서위반행위규제법에 따르면, 과태료의 부과 · 징수, 재판 및 집행 등의 절차에 관한 다른 법률의 규정 중 질서위반행위규제법의 규정에 저촉되는 것은 질서위반행위규제법으로 정하는 바에 따르고(질서위반행위규제법 제5조), 행정청의 과태료 부과에 불복하는 당사자는 과태료 부과 통지를 받은 날부터 60일 이내에 해당 행정청에 서면으로 이의제기를 할 수 있으며(질서위반행위규제법 제20조), 이의제기를 받은 행정청은 이의제기를 받은 날부터 14일 이내에 이에 대한 의견 및 증빙서류를 첨부하여 관할 법원에 통보하여야 하고(질서위반행위규제법 제21조), 과태료 사건은 다른 법령에 특별한 규정이 있는 경우를 제외하고는 당사자의 주소지의 지방법원 또는 그 지원의 관할로 한다(질서위반행위규제법 제25조)고 규정하고 있다. 따라서 질서위반행위로 인한 과태료의 부과 · 징수 및 재판 등에 관한 사항은 질서위반행위규제법의 적용을 받기 때문에 해외현지법인 등에 대한 자료제출 의무불이행에 따른 과태료 처분은 국세기본법에 따른 불복절차를 진행할 수 없다.

■ 국제조세조정에 관한 법률 시행규칙 [별지 제47호서식](2021.03.16 개정)

(앞쪽)

① 성명/모법인명	해외현지법인 명세서	③ 거주자 과세기간/모법인 사업연도
		. . . ~ . . .
② 주민등록번호/모법인 사업자등록번호		④ 해외현지법인 사업연도
		. . . ~ . . .

Ⅰ. 해외현지법인 명세서 제출 현황(총계)

구분	제출대상 법인 수				⑨ 제출법인 수	⑩ 미제출 법인 수 (⑧-⑨)
	⑤ 전기 말 가동법인 수	⑥ 해당 사업연도 중 신설 법인 수	⑦ 해당 사업연도 중 청산(지분양도) 법인 수	⑧ 제출대상 법인 수(⑤+⑥)		
특수관계						
기 타						

Ⅱ. 제출대상 해외현지법인 (해외현지법인별로 작성)

1. 해외현지법인 기본사항: [ ] 거주자가 직접 투자한 해외현지법인/국내 모법인의 자회사
[ ] 해외현지법인의 자회사 이하/국내 모법인의 손회사 이하

⑪ 해외현지법인명				⑫ 해외현지기업 고유번호	
⑬ 거주지국		⑭ 투자일	. . .	⑮ 현지납세자번호	
⑯ 해외현지법인 소재지					
⑰ 업종 (업종코드)	( )	⑱ 직원 수 (모법인파견직원수)	( )	⑲ 현지법인 전화번호	

2. 해외현지법인 투자 명세

가. 해외현지법인에 대한 투자 현황

(단위: %, 원)

⑳ 해외현지법인의 주주명 (주주의 거주지국)	출 자 명 세				대부투자 명세	
	㉑ 출자금액	㉒ 주식 수	㉓ 지분율	㉔ 배당금수입	㉕ 대여금	㉖ 대부수입이자
(거주자 본인 성명/주주명) (한국)						
( ) ( )						
( )						
( )						
소액주주 소계						
계						

나. 해외현지법인이 10% 이상 직접 소유한 자회사 현황

(단위: %, 원)

㉗ 자회사명	㉘ 업종	㉙ 소재지 (국가 & 도시명)	㉚ 출자일	㉛ 현지법인의 출자금액	㉜ 지분율	㉝ 당기순손익
			. . .			
			. . .			
			. . .			

다. 청산(지분양도) 여부

(단위: 원)

㉞ 청산(지분양도)일		㉟ 청산 유형		㊱ 회수금액		㊲ 주거래은행 신고 여부	[ ]여 [ ]부

「국제조세조정에 관한 법률」 제58조 및 「국제조세조정에 관한 법률 시행령」 제98조에 따라 해외현지법인 명세서를 제출합니다.

년 월 일

제출인 (서명 또는 인)

세무서장 귀하

210㎜×297㎜[백상지 80g/㎡ 또는 중질지 80g/㎡]

■ 국제조세조정에 관한 법률 시행규칙 [별지 제48호서식](2022.03.18 개정)

(앞쪽)

① 성명/모법인명	해외현지법인 재무상황표 [ ]확정분, [ ]가결산	③ 거주자 과세기간/모법인 사업연도
		. . . ~ . . .
② 주민등록번호 / 모법인 사업자등록번호		④ 해외현지법인 사업연도
		. . . ~ . . .

Ⅰ. 해외현지법인 재무상황표 자료 제출 현황(총계)

⑤ 제출대상 현지법인 수	⑥ 제출 현지법인 수	⑦ 미제출 현지법인 수(⑤-⑥)

Ⅱ. 해외현지법인 재무 상황(해외현지법인별로 작성) (단위: 원)

⑧ 해외현지법인명			⑨ 해외현지기업 고유번호		
1. 해외현지법인 요약재무상태표 (⑩ 적용환율:)			2. 해외현지법인 요약손익계산서 (⑪ 적용환율:)		
Ⅰ. 자 산 총 계	01		Ⅰ. 매출액	27	
1. 현금과 예금	50		1. 특수관계인에 대한 매출	28	
2.. 특수관계인에 대한 매출채권	02		2. 기타 매출	29	
3. 기타 매출채권	03		Ⅱ. 매출원가	30	
4. 재고자산	04		1. 특수관계인으로부터 매입	51	
5. 유가증권	05		2. 기타 매입	52	
6. 투자유가증권	55		Ⅲ. 매출 총손익	56	
7. 특수관계인에 대한 대여금	06		Ⅳ. 판매비와 일반관리비	31	
8. 기타 대여금	07		1. 급여(모회사 파견직원)	32	
9. 유형자산	08		2. 급여(기타)	33	
1) 토지 및 건축물	09		3. 임 차 료	34	
2) 기계장치, 차량운반구	10		4. 연구개발비	35	
3) 기타 유형자산	11		5. 대손상각비	36	
10. 무형자산	12		6. 기타 판매비와 관리비	37	
11. 위 분류과목 외 자산	13		Ⅴ. 영업손익	57	
Ⅱ. 부 채 총 계	14		Ⅵ. 영업외수익	38	
1. 특수관계인에 대한 매입채무	15		1. 이자수익	39	
2. 기타 매입채무	16		2. 배당금수익	40	
3. 특수관계인에 대한 차입금	17		3. 채무면제익	53	
4. 기타 차입금	18		4. 기타 영업외수익	41	
5. 미지급금	19		Ⅶ. 영업외비용	42	
6. 위 분류과목 외 부채	20		1. 이자비용	43	
Ⅲ. 자 본 금 총 계	21		2. 기타 영업외비용	44	
1. 자 본 금	22		Ⅷ. 법인세비용 차감전손익	58	
2. 기타 자본금	23		Ⅸ. 법인세비용	47	
1) 자본잉여금	24		Ⅹ. 당기순손익	48	
2) 이익잉여금	25				
3) 기 타	26				

210㎜×297㎜[백상지 80g/㎡ 또는 중질지 80g/㎡]

(뒤쪽)

3. 해외현지법인 이익잉여금 처분계산서 (⑩ 적용환율:)	
Ⅰ. 미처분이익잉여금	
1. 전기 이월미처분이익잉여금 (전기 이월미처리결손금)	
2. 전기오류수정이익 (전기오류수정손실)	
3. 중간배당액	
4. 당기순이익(당기순손실)	
Ⅱ. 임의적립금 등의 이입액	
Ⅲ. 이익잉여금 처분액	
1. 현금배당	
2. 주식배당	
3. 의무적립금	
4. 그 밖의 임의적립금 및 상여 등	
Ⅳ. 차기 이월이익잉여금	

4. 해외현지법인 결손금 처리계산서 (⑩ 적용환율:)	
Ⅰ. 미처리결손금	
1. 전기 이월미처리결손금 (전기 이월미처분이익잉여금)	
2. 전기오류수정손실 (전기오류수정이익)	
3. 중간배당액	
4. 당기순손실(당기순이익)	
Ⅱ. 결손금 처리액	
1. 임의적립금 이입액	
2. 그 밖의 법정적립금 이입액	
3. 이익준비금 이입액	
4. 자본잉여금 이입액	
Ⅲ. 차기 이월미처리결손금	

「국제조세조정에 관한 법률」 제58조 및 같은 법 시행령 제98조에 따라 해외현지법인 재무상황표를 제출합니다.

년 월 일

제출인 (서명 또는 인)

세무서장 귀하

작성방법

※ 이 서식은 「외국환거래법」 제3조 제1항 제18호가목에 따른 해외직접투자를 한 거주자 또는 내국법인 중 피투자법인의 발행주식 총수 또는 출자총액의 10% 이상을 소유하고 그 투자금액(증권투자 및 대부투자 합계)이 1억원 이상이거나, 피투자법인의 발행주식 총수 또는 출자총액의 10% 이상을 직접 또는 간접으로 소유하고 피투자법인과 「국제조세조정에 관한 법률」 제2조 제1항 제3호에 따른 특수관계에 있는 모든 거주자 또는 내국법인이 제출대상이 됩니다(위의 요건에 해당하는 경우에는 공동투자자 모두가 제출대상이 됩니다).

* 여기서 1억원 이상의 외화환산은 각 투자실행일 현재의 매매기준율 또는 재정(裁定)된 매매기준율로 환산한 금액입니다.

1. 거주자 · 국내 모법인의 과세연도 종료일과 해외현지법인의 사업연도 종료일이 다른 경우 거주자 · 국내 모법인의 과세연도 종료일 직전에 종료하는 해외현지법인 사업연도분을 대상으로 하여 작성하며 가결산하여 작성하는 경우 가결산의 [ ]에 "√" 표시를 합니다.
2. 외화의 원화환산은 요약재무상태표 및 이익잉여금(결손금) 처리계산서 항목의 경우 해외현지법인 사업연도 종료일 현재 매매기준율 또는 재정된 매매기준율을 적용한 환율은 ⑩ 적용환율에, 요약손익계산서 항목의 경우 해외현지법인 사업연도의 평균환율은 ⑪ 적용환율에 적습니다.

   (예: 미국 달러의 경우 930.00/USD 방식으로 적습니다.)
3. 해외현지기업 고유번호는 거주자 · 국내 모법인의 납세지 관할 세무서장이 부여한 해외현지기업 고유번호(9자리)를 적습니다.
4. 요약재무상태표 및 요약손익계산서상의 '특수관계인'은 해외현지법인의 특수관계인으로 국내 특수관계인뿐만 아니라 국외특수관계인도 포함합니다. 이 경우 특수관계인의 범위에는 「국제조세조정에 관한 법률」 제2조 제1항 제3호 및 같은 법 시행령 제2조에 따른 특수관계를 적용합니다.
5. 계정과목을 분류할 수 있는 항목은 반드시 해당 항목에 분류하여 적어야 합니다.

   (예: 현금+단기예금+장기예금→현금과 예금, 단기대여금+장기대여금→대여금 등)

   * 특히 계정과목을 분류할 수 있음에도 "위 분류과목 외의 자산, 부채 항목"으로 분류하지 마시기 바랍니다.
6. 유가증권의 경우 유동자산에 해당하는 항목은 '유가증권'에, 비유동자산에 해당하는 항목은 '투자유가증권'에 적습니다.
   (예: 지분법 적용 해외투자주식→투자유가증권)
7. 해외현지법인 이익잉여금처분(결손금처리)계산서의 작성요령은 「법인세법 시행규칙」 별지 제3호의3서식(4) "이익잉여금처분(결손금처리)계산서"의 작성요령을 참고하시기 바랍니다.
8. 제출대상 해외현지법인 수가 둘 이상인 경우 제출인 서명날인은 첫 장에만 합니다.

210mm×297mm[백상지 80g/㎡ 또는 중질지 80g/㎡]

■ 국제조세조정에관한 법률 시행규칙 [별지 제49호서식](2021.03.16 개정)

(앞쪽)

과세연도	. . . ~ . . .	손실거래명세서	성명/법인명	
			사업자(주민)등록번호	

1. 손실거래 관련 해외현지법인의 인적 사항

① 일련번호	② 법인명	③ 소재지 국가(또는 지역)	④ 국가코드	⑤ 해외현지기업 고유번호	⑥ 내국법인의 주식소유비율	⑦ 제출대상 손실거래 수

2. 손실거래 명세 (단위: 원)

⑧ 일련번호	①-1 일련번호	⑨ 손실 구분	⑩ 제출 구분	손실거래 발생기간 ⑪ 시작일	손실거래 발생기간 ⑫ 종료일	⑬ 손실거래 금액	⑭ 산출기준
	1	[ ] 내국법인 [ ] 해외현지법인	[ ] 거래 건별 [ ] 누적 손실				[ ] 기업회계기준 [ ] 거주지국 회계원칙
	⑮ 거래종류	⑯ 코드	⑰ 손실거래 내용				

⑧ 일련번호	①-1 일련번호	⑨ 손실 구분	⑩ 제출 구분	손실거래 발생기간 ⑪ 시작일	손실거래 발생기간 ⑫ 종료일	⑬ 손실거래 금액	⑭ 산출기준
	1	[ ] 내국법인 [ ] 해외현지법인	[ ] 거래 건별 [ ] 누적 손실				[ ] 기업회계기준 [ ] 거주지국 회계원칙
	⑮ 거래종류	⑯ 코드	⑰ 손실거래 내용				

⑧ 일련번호	①-1 일련번호	⑨ 손실구분	⑩ 제출 구분	손실거래 발생기간 ⑪ 시작일	손실거래 발생기간 ⑫ 종료일	⑬ 손실거래 금액	⑭ 산출기준
	1	[ ] 내국법인 [ ] 해외현지법인	[ ] 거래 건별 [ ] 누적 손실				[ ] 기업회계기준 [ ] 거주지국 회계원칙
	⑮ 거래종류	⑯ 코드	⑰ 손실거래 내용				

⑧ 일련번호	①-1 일련번호	⑨ 손실 구분	⑩ 제출 구분	손실거래 발생기간 ⑪ 시작일	손실거래 발생기간 ⑫ 종료일	⑬ 손실거래 금액	⑭ 산출기준
	1	[ ] 내국법인 [ ] 해외현지법인	[ ] 거래 건별 [ ] 누적 손실				[ ] 기업회계기준 [ ] 거주지국 회계원칙
	⑮ 거래종류	⑯ 코드	⑰ 손실거래 내용				

「국제조세조정에 관한 법률」 제58조 및 같은 법 시행령 제98조에 따라 손실거래명세서를 제출합니다.

년 월 일

제출인 (서명 또는 인)

세무서장 귀하

210㎜×297㎜[백상지 80g/㎡ 또는 중질지 80g/㎡]

■ 국제조세조정에 관한 법률 시행규칙 [별지 제50호서식](2021.03.16 개정)

(앞쪽)

① 성명 / 본점 법인명	해외영업소 설치현황표	② 주민등록번호 / 본점 사업자등록번호
		③ 거주자 과세기간 / 본점 사업연도
		. . . ~ . . .

Ⅰ. 해외영업소 설치 현황

제출대상 해외영업소 수				⑧ 제출 영업소 수	⑨ 미제출 영업소 수 (⑦-⑧)
④ 전기 말 가동 영업소 수	⑤ 해당 사업연도 중 설립 영업소 수	⑥ 당기 중 폐쇄(철수) 영업소 수	⑦ 제출대상 영업소 수 (④+⑤)		

Ⅱ. 해외영업소 설치 명세(해외영업소별로 작성)

1. 해외영업소 기본사항

⑩ 해외영업소명		⑪ 해외현지기업 고유번호		⑫ 거주지국	
⑬ 해외영업소 소재지		⑭ 현지납세자번호		⑮ 설립일	. . .
⑯ 설립 형태	[ ] 1. 지점(개인사업장) [ ] 2. (연락)사무소	⑰ 업종 (업종코드)	( )	⑱ 직원 수 (국내/본점 파견 수)	( )

2. 해외지점(해외사업장) 경영 상황[⑯항목에서 "1. 지점(개인사업장)"인 경우만 작성]

가. 해외지점 요약대차대조표 (⑲ 적용환율:)			나. 해외지점 요약손익계산서 (⑳ 적용환율:)		
Ⅰ. 자산총계	01		Ⅰ. 매출액	08	
1. 토지 및 건축물	02		Ⅱ. 매출원가	09	
2. 기계장치, 차량운반구	03		Ⅲ. 판매비와 일반관리비	10	
3. 기타	04		Ⅳ. 영업외수익	11	
Ⅱ. 부채총계	05		Ⅴ. 영업외비용	12	
Ⅲ. 자본총계	06		Ⅵ. 소득세	15	
(본점(거주자)지원경비)	07		Ⅶ. 당기순손익	16	

3. 폐업(철수) 여부

㉑ 폐업(철수)일		㉒ 회수금액	

「국제조세조정에 관한 법률」 제58조 및 같은 법 시행령 제98조에 따라 해외영업소 설치현황표를 제출합니다.

년 월 일

제출인 (서명 또는 인)

세무서장 귀하

210㎜×297㎜[백상지 80g/㎡ 또는 중질지 80g/㎡]

■ 국제조세조정에 관한 법률 시행규칙 [별지 제51호서식](2022.03.18 개정)

(3쪽 중 제1쪽)

해외부동산 취득 · 보유 · 투자운용(임대) 및 처분 명세서

① 과세연도	년 월 일부터 년 월 일까지	② 사업자 (주민)등록번호		③ 취득(소유)자	
④ 주소				⑤ 전화번호	

해외부동산 고유번호*	
* 국세청에서 부여한 번호, 확인경로 : 국세청 홈택스 [조회/발급]→[세금신고납부]→[해외부동산고유번호 조회]	

★ 취득·운용·처분행위 없이 보유명세서만 제출대상일 경우 → 2. 보유명세서 ㉒~㉕ 만 작성	□ 여 □ 부

1. 해외부동산 취득 명세

부동산 소재지	⑥ 국가		⑦ 소재지	
	⑧ 신고수리은행		⑨ 신고수리번호	
⑩ 취득일	년 월 일		⑪ 취득 목적	[ ]주거, [ ]주거 외
⑫ 부동산의 종류	[ ]주택 · 아파트, [ ]상가 · 건물, [ ]토지, [ ]부동산에 관한 권리, [ ]기타			
⑬ 부동산의 규모(면적, ㎡)	건물 ( ), 대지 ( )		⑭소유지분	%
⑮ 총취득금액(A)=(B+C)	현지통화: ( )(원화환산: ₩)			
⑯ 국내에서 송금액(B)	현지통화: ( )(원화환산: ₩)			
⑰ 현지조달금액(방법)(C)	현지통화: ( )(원화환산: ₩)			

1-1. 공동취득인 경우

구분	제출(법)인	공동취득인1	공동취득인2	기타 공동취득인
⑱ 공동취득자 성명(상호)				
⑲ 사업자(주민)등록번호				
⑳ 제출(법)인(본인)과의 관계				
㉑ 소유지분	%	%	%	%

(취득시) 붙임 서류: 1. 매매계약서 사본 2. 등기부등본 사본 3. 그 밖의 증빙서류

2. 해외부동산 보유 명세

부동산 현황	㉒ 국가		㉓ 소재지		
	㉔ 부동산의 종류	[ ]주택 · 아파트, [ ]상가 · 건물, [ ]토지, [ ]부동산에 관한 권리, [ ]기타		㉕ 임대여부	□ 여 □ 부

210㎜×297㎜[백상지 80g/㎡ 또는 중질지 80g/㎡]

(3쪽 중 제2쪽)

3. 해외부동산 투자운용(임대) 명세

<table>
<tr><td rowspan="2">부동산 현황</td><td>㉖ 국가</td><td></td><td>㉗ 소재지</td><td colspan="3"></td></tr>
<tr><td>㉘ 부동산의 종류</td><td colspan="5">[ ]주택・아파트, [ ]상가・건물, [ ]토지, [ ]부동산에 관한 권리, [ ]기타</td></tr>
</table>

<table>
<tr><td rowspan="2">㉙ 층・호수</td><td colspan="3">임차인</td><td colspan="3">임대수입 등 명세</td></tr>
<tr><td>㉚ 상호(성명)</td><td>㉛ 개시일 (입주일)</td><td>㉜ 종료일 (퇴거일)</td><td>㉝ 보증금</td><td>㉞ 월세</td><td>㉟ 연간 월세 합 계</td></tr>
<tr><td></td><td></td><td></td><td></td><td></td><td></td><td></td></tr>
</table>

㊱ 종합소득세 신고여부	□ 여 □ 부	㊲ 소득 국내반입여부	□ 여 □ 부

(운용시) 붙임 서류: 1. 임대차계약서 사본

4. 해외부동산 처분 명세

<table>
<tr><td rowspan="2">부동산 소재지</td><td>㊳ 국가</td><td></td><td>㊴ 소재지</td><td colspan="3"></td></tr>
<tr><td>㊵ 보고은행</td><td></td><td>㊶ 보고번호</td><td></td><td>㊷ 처분일</td><td>년 월 일</td></tr>
<tr><td colspan="2">㊸ 부동산의 종류</td><td colspan="5">[ ]주택・아파트, [ ]상가・건물, [ ]토지, [ ]부동산에 관한 권리, [ ]기타</td></tr>
<tr><td colspan="2">㊹ 부동산의 규모(면적,㎡)</td><td colspan="3">건물 ( ), 대지 ( )</td><td>㊺ 처분지분</td><td>%</td></tr>
<tr><td colspan="2">㊻ 총처분금액</td><td colspan="5">현지통화: ( )(원화환산: ₩)</td></tr>
<tr><td colspan="2">㊼ 양도소득세 신고여부</td><td>□ 여 □ 부</td><td colspan="2">㊽ 처분자금 국내반입여부</td><td colspan="2">□ 여 □ 부</td></tr>
</table>

(처분시) 붙임 서류: 1. 매매계약서 사본 2. 등기부등본 사본 3. 그 밖의 증빙서류

「국제조세조정에 관한 법률」 제58조 및 같은 법 시행령 제98조에 따라 해외부동산 취득・보유・투자운용(임대) 및 처분 명세서를 제출합니다.

년 월 일

제출법인 (인)

세무서장 귀하

210㎜×297㎜[백상지 80g/㎡ 또는 중질지 80g/㎡]

■ 국제조세조정에 관한 법률 시행규칙 [별지 제51호의2서식](2025.03.21 개정)

(3쪽 중 제1쪽)

<table>
<tr><td>제출대상 연도
년</td><td rowspan="3">해외신탁명세서</td><td rowspan="3">제출
구분</td><td>[ ] 정기</td><td rowspan="3">위탁자
유형</td><td rowspan="2">[ ] 거 주 자</td></tr>
<tr><td></td><td>[ ] 수정</td></tr>
<tr><td></td><td>[ ] 기한 후</td><td>[ ] 내국법인</td></tr>
</table>

<table>
<tr><td colspan="4">1. 위탁자 인적 사항</td></tr>
<tr><td rowspan="2">① 성 명
(법인명)</td><td>(한글)</td><td>② 주민등록번호
(사업자등록번호)</td><td></td></tr>
<tr><td>(영문)</td><td>③ 전화번호</td><td></td></tr>
<tr><td>④ 주 소
(소재지)</td><td colspan="3"></td></tr>
<tr><td colspan="4">2. 해외신탁 보유 현황</td></tr>
<tr><td>⑤ 보유신탁 총수</td><td colspan="3">개</td></tr>
</table>

<table>
<tr><td colspan="8">3. 해외신탁별 명세 (단위: 현지 통화, 원)</td></tr>
<tr><td rowspan="17">보유
신탁
일련
번호

(1)</td><td>⑥ 신탁 명칭</td><td colspan="6"></td></tr>
<tr><td>⑦ 신탁 유형</td><td colspan="6">「국제조세조정에 관한 법률」 제58조 제3항 제1호 [ ], 같은 항 제2호 [ ]</td></tr>
<tr><td>⑧ 신탁 소재지</td><td>국가코드</td><td colspan="2"></td><td>국가명</td><td colspan="2"></td></tr>
<tr><td>⑨ 지분비율</td><td colspan="3">%</td><td>⑩ 신탁 설정일
(재산 이전일)</td><td colspan="2">년 월 일</td></tr>
<tr><td>⑪ 신탁 계약기간</td><td colspan="6">년 월 일 ~ 년 월 일</td></tr>
<tr><td rowspan="8">⑫ 신탁 관련자
정보</td><td colspan="2">[ ]공동위탁자</td><td colspan="2">[ ]공동수익자</td><td colspan="2">[ ]공동수탁자</td></tr>
<tr><td rowspan="3">수익자</td><td>성 명
(법인명)</td><td></td><td>주민등록번호
(사업자등록번호)</td><td colspan="2"></td></tr>
<tr><td>지분비율</td><td>%</td><td>전화번호</td><td colspan="2"></td></tr>
<tr><td>주 소
(소재지)</td><td colspan="4">(국가:)</td></tr>
<tr><td rowspan="3">수탁자</td><td>성 명
(법인명)</td><td></td><td>주민등록번호
(사업자등록번호)</td><td colspan="2"></td></tr>
<tr><td>지분비율</td><td>%</td><td>전화번호</td><td colspan="2"></td></tr>
<tr><td>주 소
(소재지)</td><td colspan="4">(국가:)</td></tr>
<tr><td></td><td colspan="5"></td></tr>
<tr><td rowspan="2">⑬ 신탁 재산</td><td colspan="6">[ ]현금 [ ]부동산(부동산에 관한 권리) [ ]주식(예탁증서) [ ]채권</td></tr>
<tr><td colspan="6">[ ]집합투자증권 [ ]보험상품 [ ]가상자산 [ ]그 밖의 자산</td></tr>
<tr><td rowspan="2">⑭ 신탁재산가액</td><td colspan="3">(외화) (통화:)</td><td rowspan="2">⑮ 시가산정기준일</td><td rowspan="2" colspan="2">년 월 일</td></tr>
<tr><td colspan="3">(원화)</td></tr>
<tr><td colspan="5">4. ⑯ 신고대상인 해외금융계좌 포함 여부</td><td colspan="2">여 [ ]</td><td>부 [ ]</td></tr>
</table>

「국제조세조정에 관한 법률」 제58조 제3항 및 같은 법 시행령 제98조 제4항에 따라 해외신탁명세서를 제출하며, 위 내용은 제출인이 알고 있는 사실 그대로를 정확하게 적었음을 확인합니다.

년 월 일

제출(법)인 (서명 또는 인)

세무서장 귀하

대리인	성명(상호)		사업자등록번호 (생년월일)		전화번호	

210㎜×297㎜[백상지(80g/㎡) 또는 중질지(80g/㎡)]

■ 국제조세조정에 관한 법률 시행규칙 [별지 제51호의2서식 부표1](2024.03.22 신설)

제출대상 연도 년	**해외신탁 관련자 명세서**	위탁자 유형	[ ] 거 주 자 [ ] 내국법인

주민등록번호 (사업자등록번호)	

관련자 일련 번호						
(1)	신탁 관련자 유형		[ ]공동위탁자	[ ]공동수익자		[ ]공동수탁자
	유형별 지분비율		%	%		%
	관련자 정보	성명 (법인명)		주민등록번호 (사업자등록번호)		
		주소 (소재지)	(국가:)		전화번호	
( )	신탁 관련자 유형		[ ]공동위탁자	[ ]공동수익자		[ ]공동수탁자
	유형별 지분비율		%	%		%
	관련자 정보	성명 (법인명)		주민등록번호 (사업자등록번호)		
		주소 (소재지)	(국가:)		전화번호	
( )	신탁 관련자 유형		[ ]공동위탁자	[ ]공동수익자		[ ]공동수탁자
	유형별 지분비율		%	%		%
	관련자 정보	성명 (법인명)		주민등록번호 (사업자등록번호)		
		주소 (소재지)	(국가:)		전화번호	
( )	신탁 관련자 유형		[ ]공동위탁자	[ ]공동수익자		[ ]공동수탁자
	유형별 지분비율		%	%		%
	관련자 정보	성명 (법인명)		주민등록번호 (사업자등록번호)		
		주소 (소재지)	(국가:)		전화번호	
( )	신탁 관련자 유형		[ ]공동위탁자	[ ]공동수익자		[ ]공동수탁자
	유형별 지분비율		%	%		%
	관련자 정보	성명 (법인명)		주민등록번호 (사업자등록번호)		
		주소 (소재지)	(국가:)		전화번호	

작성방법

1. 이 부표는 해외신탁 관련 공동위탁자, 공동수익자, 공동수탁자가 있는 경우에만(별지 제51호의2서식 제1쪽의 ⑫번 항목 관련) 작성합니다.
2. 신탁 관련자 유형은 공동위탁자인 경우, 공동수익자인 경우, 공동수탁자인 경우를 선택하여 "√" 표시를 합니다. 관련자 1인이 복수 유형에 해당하는 경우 해당란에 모두 "√" 표시를 합니다.
3. 유형별 지분비율은 해당하는 유형 각각의 지분비율을 숫자로 표기합니다.
4. 관련자 정보 주소란의 "(국가:)" 에는 국가코드(ISO 3166-1, 알파벳 두 글자)를 적습니다.(예시: KR, US 등)

210㎜×297㎜[백상지(80g/㎡) 또는 중질지(80g/㎡)]

■ 국제조세조정에 관한 법률 시행규칙 [별지 제51호의2서식 부표2](2024.03.22 신설)

해외신탁재산 및 평가명세서

주민등록번호 (사업자등록번호)	

※ 뒤쪽의 작성방법을 읽고 작성하시기 바랍니다. (앞쪽)

가. 해외신탁별 해외신탁재산 현황

(단위: 현지 통화, 원)

① 해외신탁 일련번호	② 해외신탁 재산 평가 기준일	③ 해외신탁재산 총재산평가액	④ 해외신탁재산 운용	
			해외신탁재산(해외신탁이익) 분배여부	해외신탁채무 발생여부
		(외화) (통화:)	여[ ], 부[ ]	여[ ], 부[ ]
		(원화)		

나. 해외신탁별 해외신탁재산 명세

(단위: 원)

⑤ 재산 일련 번호	⑥ 신탁설정 일자(신탁 이전일자)	⑦ 재산 유형 코드	⑧ 국가 코드	⑨ 재산상세	⑩ 사업자등록번호 (국제증권식별번호)	⑪ 수량 (면적)	⑫ 단가	⑬ 평가 가액	⑭ 취득 가액 여부

첨부서류	해외신탁재산 증명서류[예: 주주(증권계좌)번호 및 잔고증명서, 예금통장 사본, 부동산 등기부등본, 손익계산서 등]

210㎜×297㎜[백상지(80g/㎡) 또는 중질지(80g/㎡)]

■ 국제조세조정에 관한 법률 시행규칙 [별지 제52호서식](2021.03.16 개정)

취득자금 소명대상 금액의 출처 확인서

(3쪽 중 제1쪽)

1. 소명(법)인 인적 사항

① 법인명 (성명)	(한글)	② 사업자(주민)등록번호
	(영문)	
③ 여권번호		④ 전화번호
⑤ 소재지(주소)		

2. 납세지 관할 세무서장의 소명요구 내용 (1)

⑥ 자산 종류	⑦ 자산 재 국가	⑧ 자산 내용	⑨ 취득일	⑩ 소명요구 금액(천원)	⑪ 소명요구일

3. 위반금액 출처 명세 (1)

(단위: 천원)

구분	⑫ 금액	⑬ 발생처	⑭ 발생기간	⑮ 과세대상 금액	⑯ 과세대상 금액 중 신고(결정) 금액
⑰ 소득					
⑱ 수증, 채무 면제					
⑲ 채무					
⑳ 기타					
㉑ 합계(⑰+⑱+⑲+⑳)		㉒ 소명기준 충족 여부[(㉑/⑩)≥80%]		[ ] 예 [ ] 아니요	

위 소명(법)인은 「국제조세조정에 관한 법률」 제59조 및 같은 법 시행령 제99조 제1항에 따라 소명(법)인이 알고 있는 사실 그대로 정확하게 소명하였음을 확인합니다.

년 월 일

제출법인 (서명 또는 인)

세무서장 귀하

대리인	성명(상호)	사업자등록번호(주민등록번호)	전화번호

신고인 제출서류 (예시)	1. 신고(결정) 소득금액을 확인할 수 있는 신고서 등 2. 부동산 양도차익은 부동산 소재지·수량 및 금액이 표시된 매수·매도계약서 또는 양도소득세 신고서 3. 동산 등 양도차익은 매수자의 주소(소재지), 성명(법인명), 주민등록번호(법인등록번호 등) 등이 적힌 매수·매도계약서 또는 매수·매도자 확인서 등 거래금액 및 거래사실을 증명하는 서류 4. 증여는 증여자의 주소(소재지), 성명(법인명), 주민등록번호(법인등록번호 등) 등을 적은 확인서 또는 증여세(법인세) 신고서 5. 채무 중 금융회사 차입자금은 해당 금융회사가 발행한 증명서 6. 채무 중 타인 자금은 채권자가 확인되는 차용증서, 전세금 등의 경우 계약서 등 7. 그 밖에 자금 원천이 확인되는 서류

210㎜×297㎜[백상지 80g/㎡ 또는 중질지 80g/㎡]

II. 해외금융계좌의 신고

거주자 및 내국법인("거주자 등")이 연도 중에 보유하고 있는 모든 해외금융계좌 내의 현금이나 주식, 채권, 가상자산 등의 잔액을 합산한 금액이 매월 말일 중 한 번이라도 국조법에서 정하고 있는 일정 금액을 초과하는 경우 해당 계좌정보를 다음 해 6월에 관할 세무서에 신고하여야 한다. 그리고 거주자 등이 전년도에 해외금융계좌를 신고 했더라도 당해 연도의 해외금융계좌 잔액이 신고대상 금액을 넘는 경우에는 해당 연도분에 대한 신고의무가 있다. 해외금융계좌 신고 의무를 위반한 경우에는 과태료가 부과되고, 신고의무를 불이행한 금액이 국조법에서 정하는 일정 금액을 넘는 경우에는 형사처벌까지 받을 수 있으므로 주의해야 한다.

1. 신고의무자 및 신고대상계좌의 범위 등

(1) 신고의무자 등

① 신고의무자

해외금융회사 등에 개설된 해외금융계좌를 보유한 거주자 등 중에서 해당 연도의 매월 말일 중 어느 하루의 보유계좌 잔액(보유계좌가 여러 개인 경우에는 각 계좌잔액을 합산함)이 5억원을 초과하는 자("계좌신고의무자")는 다음의 해외금융계좌정보를 다음 연도 6월 1일부터 30일까지 납세지 관할 세무서장에게 신고하여야 한다(국조법 §53 ①, 국조령 §92 ③).

ⓐ 보유자의 성명, 주소 등 신원에 관한 정보

ⓑ 계좌번호, 해외금융회사의 이름, 매월 말일의 보유계좌잔액의 최고금액 등 보유계좌에 관한 정보

ⓒ 해외금융계좌 중 실지명의에 의하지 아니한 계좌 등 그 계좌의 명의자와 실질적 소유자가 다른 경우에는 명의자 및 실질적 소유자, 공동명의 계좌인 경우에는 공동명의자 등 해당 해외금융계좌를 각각 보유한 것으로 보는 해외금융계좌 관련자에 관한 정보

② 신고대상 거주자 등의 판정기준일

해외금융계좌 신고의무에 해당하는 거주자 및 내국법인인지 여부에 대한 판정은 신고대상 연도 종료일을 기준으로 한다(국조령 §92 ⑤). 참고로 국조법에서는 거주자나 내국법인의 정의규정을 따로 두고 있지 않기 때문에 국조법에서 사용하는 거주자나 내국법인의 개념은 원칙적으로 소득세법이나 법인세법에서 규정하고 있는 것과 같다고 보면 된다.

③ 신고의무의 면제

해외금융계좌의 신고의무자 중 다음 중 어느 하나에 해당하는 경우에는 신고의무를 면제한다(국조법 §54).

ⓐ 해당 과세기간 종료일 10년 전부터 국내에 주소나 거소를 둔 기간의 합계가 5년 이하인 외국인 거주자나 재외동포의 출입국과 법적지위에 관한 법률 제2조 제1호의 재외국민(대한민국의 국민으로서 외국의 영주권을 취득한 자 또는 영주할 목적으로 외국에 거주하고 있는 자)으로서 해당 신고대상 연도 종료일 1년 전부터 국내에 거소를 둔 기간의 합계가 183일 이하인 자. 즉, 이런 경우에 해당하면 소득세법상 거주자에 해당되더라도 해외금융계좌의 신고의무가 면제된다.

ⓑ 외국정부 및 국제연합과 그 소속기구의 기관, 우리나라가 다른 국가와 체결한 조약 · 협약 · 협정 · 각서 등 국제법에 따라 규율되는 모든 유형의 국제적 합의에 의하여 설립된 기관에 근무하는 사람 중 다음의 요건을 모두 갖춘 사람

- 해당 국제기관에서의 직무수행 대가로 받는 급여에 대하여 우리나라 소득세법이나 조세조약 등 국제법에 따라 우리나라의 소득세가 과세되지 않는 사람으로서 대한민국 국민이 아닐 것
- 국조법상 조세정보 및 금융정보 등의 교환 규정에 따른 정기적인 금융정보 등의 교환이 이루어지는 국가 외의 국가에 소재하는 해외금융회사 등에 해외금융계좌를 보유하고 있지 아니할 것

ⓒ 다음 중 어느 하나에 해당하는 기관

- 국가, 지방자치단체 및 공공기관의 운영에 관한 법률에 따른 공공기관

- 우리나라가 다른 국가와 체결한 조약·협약·협정·각서 등 국제법에 따라 규율되는 모든 유형의 국제적 합의에 의하여 설립된 기관

ⓓ 금융회사 등

ⓔ 공동명의자 등 해외금융계좌 관련자 중 어느 하나가 국조법 시행령 제92조 제5항에 따라 본인의 해외금융계좌정보를 함께 제출함에 따라 납세지 관할 세무서장이 본인이 보유한 모든 해외금융계좌정보를 확인할 수 있는 자. 즉, 공동명의 계좌는 원칙적으로 공동명의자가 해당 해외금융계좌를 각각 보유한 것으로 보지만, 공동명의자 중 어느 하나가 해외금융계좌를 신고하면서 계좌 관련자 정보를 공동명의계좌로 표시해서 신고하면 다른 공동명의자는 따로 신고하지 않아도 되는 것이다.

ⓕ 다른 법령에 따라 국가의 관리·감독이 가능한 기관으로서 다음에서 해당하는 자

- 자본시장과 금융투자업에 관한 법률에 따른 금융투자업 관계기관, 집합투자기구, 집합투자기구평가회사 및 채권평가회사
- 금융지주회사법에 따른 금융지주회사
- 외국환거래법에 따른 외국환업무취급기관 및 외국환중개회사
- 신용정보의 이용 및 보호에 관한 법률에 따른 신용정보회사 및 채권추심회사

(2) 해외금융계좌의 범위 등

① 해외금융회사 등

해외금융계좌가 개설된 해외금융회사 등이란 국외에 소재하는 다음 중 어느 하나에 해당하는 자를 말한다. 이 경우 내국법인의 국외사업장을 포함하고, 외국법인의 국내사업장은 제외한다(국조법 §52 1호).

ⓐ 금융 및 보험업과 이와 유사한 업종을 하는 금융회사

ⓑ 가상자산 이용자 보호 등에 관한 법률 제2조 제2호의 가상자산사업자 및 이와 유사한 사업자

② 신고대상 해외금융계좌

신고대상 해외금융계좌는 해외금융회사 등과 금융거래(금융실명거래 및 비밀보장에 관한 법률 제2조 제3호의 금융거래 및 이와 유사한 거래 포함) 및 가상자산거래(특정 금융거래정보의 보고 및 이용 등에 관한 법률 제2조 제2호 라목의 가상자산거래 및 이와 유사한 거래 포함)를 위하여 해외금융회사 등에 개설한 계좌로서 다음의 계좌를 말한다(국조법 §52 2호).

ⓐ 은행법 제27조에 따른 은행업무와 관련하여 개설한 계좌

ⓑ 자본시장과 금융투자업에 관한 법률 제4조에 따른 증권 및 이와 유사한 해외증권의 거래를 위하여 개설한 계좌

ⓒ 자본시장과 금융투자업에 관한 법률 제5조에 따른 파생상품 및 이와 유사한 해외파생상품의 거래를 위하여 개설한 계좌

ⓓ 가상자산 이용자 보호 등에 관한 법률 제2조 제1호의 가상자산 및 이와 유사한 자산의 거래를 위하여 국외에 있는 같은 조 제2호의 가상자산사업자 및 이와 유사한 사업자에 개설한 계좌

ⓔ 위 ⓐ부터 ⓓ까지에서 규정한 계좌 외의 계좌로서 그 밖에 금융거래 또는 가상자산거래를 위하여 해외금융회사 등에 개설한 계좌

③ 신고대상에 포함되는 계좌

ⓐ 신고대상 해외금융계좌에는 거래실적 등이 없는 계좌, 연도 중에 해지된 계좌 등 해당 연도 전체 기간 중에 보유한 모든 계좌(예를 들면, 거주자가 스톡옵션 행사로 취득한 국외주식을 보관하기 위하여 해외금융기관에 개설한 해외금융계좌)를 포함한다(국조령 §93 ②).

ⓑ 거주자가 근로를 제공하고 고용주로부터 매년 급여의 일부로서 장래에 일정한 요건이 충족되면 주식 또는 현금으로 수령할 수 있는 권리를 부여받아 해외금융기관에 개설된 해외금융계좌에 잔액으로 보유한 경우 그 해외금융계좌도 신고대상에 포함된다.

④ 신고대상에서 제외되는 계좌

다음의 계좌는 신고대상 해외금융계좌에서 제외된다(국조령 §93 ② 단서).

ⓐ 보험업법에 따른 보험상품 및 이와 유사한 해외보험상품으로서 순보험료가 위험보험료만으로 구성되는 보험계약에 해당하는 금융계좌

ⓑ 근로자퇴직급여보장법에 따른 퇴직연금제도 및 이와 유사한 해외퇴직연금제도에 따라 설정하는 퇴직연금계좌로서 다음의 요건을 모두 갖춘 계좌

- 계좌가 해당 국가에서 다음의 어느 하나에 해당하는 세제혜택 대상일 것
  - 계좌에 대한 납입금이 계좌보유자의 총소득에서 공제 또는 제외되는 경우
  - 계좌에 대한 납입금이 감면된 세율로 과세되는 경우(계좌에 대한 납입금의 전부 또는 일부가 종합소득 산출세액에서 공제되는 경우 포함)
  - 계좌로부터 발생하는 투자소득에 대한 과세가 이연되거나 감면된 세율로 과세되는 경우
- 계좌와 관련하여 해당 외국 과세당국에 매년 정보 보고가 이루어질 것
- 특정 퇴직연령 도달, 장애 또는 사망과 같은 특정 사건이 발생하는 경우에만 인출이 허용되거나 특정 사건이 발생하기 전에 인출을 할 경우 불이익이 있을 것
- 계좌에 대한 연간 납입금이 5천만원 이내로 제한되거나 전체 납입금이 10억원 이내로 제한될 것. 이 경우 해외퇴직연금제도에 따른 퇴직연금계좌가 복수인 경우에는 합계액을 기준으로 판단한다.

2. 잔액의 환산 및 관련자의 계좌보유 간주

(1) 해외금융계좌 잔액의 환산

계좌신고의무자의 매월 말일 해외금융계좌 잔액은 계좌신고의무자가 보유한 각 해외금융계좌의 자산에 대하여 다음의 구분에 따라 산정한 금액을 해당 표시통화의 환율(외국환거래법에 따른 일별 기준환율 또는 재정환율을 말함)로 각각 환산한 후 더하여 산출한다. 이 경우 피상속인 명의의 해외금융계좌를 수인이 공동으로 상속받은 경우에는 계좌잔액 중 공동상속인 각자의 상속분에 해당하는 금액만큼만 환산하여 더한다(국조령 §93 ①).

① 현금
해당하는 매월 말일의 종료시각 현재의 잔액

② 자본시장과 금융투자업에 관한 법률에 따른 증권시장 또는 이와 유사한 해외 증권시장에 상장된 주식과 그 주식을 기초로 발행한 예탁증서
[해당하는 매월 말일의 종료시각 현재의 수량 × 해당하는 매월 말일의 최종가격(해당하는 매월 말일이 거래일이 아닌 경우에는 그 직전 거래일의 최종 가격)]

③ 자본시장과 금융투자업에 관한 법률에 따른 증권시장 또는 이와 유사한 해외 증권시장에 상장된 채권
[해당하는 매월 말일의 종료시각 현재의 수량 × 해당하는 매월 말일의 최종가격(해당하는 매월 말일이 거래일이 아닌 경우에는 그 직전 거래일의 최종 가격)]

④ 자본시장과 금융투자업에 관한 법률에 따른 집합투자증권 및 이와 유사한 해외집합투자증권
[해당하는 매월 말일의 종료시각 현재의 수량 × 해당하는 매월 말일의 기준가격(해당하는 매월 말일의 기준가격이 없는 경우에는 해당하는 매월 말일 현재의 환매가격 또는 해당하는 매월 말일 전 가장 가까운 날의 기준가격)]

⑤ 보험업법에 따른 보험상품 및 이와 유사한 해외보험상품
해당하는 매월 말일의 종료시각 현재의 납입금액

⑥ 가상자산사업자등으로서 본점 또는 주사무소가 외국에 있는 국외 가상자산사업자등(사업의 실질적 관리장소가 국내에 있지 않는 경우만 해당함)이 보관·관리하는 가상자산 이용자 보호 등에 관한 법률 제2조 제1호의 가상자산 및 이와 유사한 가상자산
[해당하는 매월 말일의 종료시각 현재의 수량 × 해당하는 매월 말일의 최종 가격(해당하는 매월 말일이 거래일이 아닌 경우에는 그 직전 거래일의 최종 가격으로 하되, 해당 가상자산의 매매 또는 교환을 할 수 있는 시장이 운영되지 않아 매월 말일의 최종 가격을 확인할 수 없는 경우에는 해당 가상자산이 거래되는 국내외 시장의 매월 말일의 최종 가격 중에서 계좌신고

의무자가 선택한 하나의 가격)]

⑦ 위 ①부터 ⑥까지에서 규정한 자산 외의 자산
[해당하는 매월 말일의 종료시각 현재의 수량 × 해당하는 매월 말일의 시가(시가 산정이 곤란한 경우에는 취득가액)]

(2) 해외금융계좌의 실질적 소유자

① 관련자의 계좌보유 간주

해외금융계좌신고와 관련하여 해외금융계좌 관련자(해외금융계좌 중 실지명의에 의하지 아니한 계좌 등 그 계좌의 명의자와 실질적 소유자가 다른 경우에는 명의자 및 실질적 소유자를 말하고, 공동명의 계좌인 경우에는 공동명의자 각각을 말함)는 해당 계좌의 잔액 전부를 각각 보유한 것으로 본다(국조법 §53 ②). 이 경우 실질적 소유자란 해당 계좌의 명의와는 관계없이 해당 해외금융계좌와 관련한 거래에서 경제적 위험을 부담하거나 이자·배당 등의 수익을 받거나 해당 계좌를 처분할 권한을 가지는 등 해당 계좌를 사실상 관리하는 자를 말한다(국조령 §94 ①). 이 경우 내국인이 외국법인의 의결권 있는 주식의 100%를 직접 또는 간접으로 소유(내국인과 국세기본법 제2조 제20호 가목 또는 나목의 관계에 있는 자가 직접 또는 간접으로 소유한 주식 포함)한 경우에는 그 내국인을 실질적 소유자에 포함하지만, 해당 외국법인이 우리나라와 조세조약을 체결하고 시행하는 국가에 소재하는 경우에는 그렇지 않다(국조령 §94 ②). 주의할 점은 내국인이 사실상 관리하고 있는 외국법인의 계좌는 소유지분율이나 조세조약 체결국에 소재하는지 여부와 상관없이 신고대상이 된다는 것이다.

② 관련자의 계좌로 보지 않는 경우

위 ①의 관련자의 계좌보유 간주 규정에도 불구하고 다음 중 어느 하나에 해당하는 자를 명의인으로 하는 해외금융계좌를 통해 투자한 자는 실질적 소유자로 보지 않는다(국조령 §94 ③).

ⓐ 자본시장과 금융투자업에 관한 법률 제9조 제18항에 따른 집합투자기구 또는 이와 유사한 외국에서 설립된 집합투자기구(같은 법 제279조

제1항에 따라 금융위원회에 등록된 것으로 한정함)

ⓑ 자본시장과 금융투자업에 관한 법률 제8조 제3항에 따른 투자중개업자 또는 같은 법 제294조에 따른 한국예탁결제원

ⓒ 자본시장과 금융투자업에 관한 법률 시행령 제103조에 따른 금전신탁 계약의 신탁업자

ⓓ 벤처투자 촉진에 관한 법률 제2조 제11호에 따른 벤처투자조합

3. 신고의무 위반금액의 출처 소명 및 과태료

(1) 신고의무 위반금액의 출처에 대한 소명 요구

계좌신고의무자가 신고기한까지 해외금융계좌정보를 신고하지 아니하거나 과소신고한 경우에는 해당 과세당국은 그 계좌신고의무자에게 신고기한까지 신고하지 아니한 금액이나 과소신고한 금액("신고의무 위반금액")의 출처에 대하여 소명을 요구할 수 있다(국조법 §56 ①). 이 경우 소명을 요구받은 해당 계좌신고의무자는 통지를 받은 날부터 90일 이내("소명기간")에 소명을 하여야 하고, 소명기간 내에 소명을 요구받은 금액의 80% 이상에 대하여 출처를 소명한 해외금융계좌에 대해서는 신고의무 위반으로 소명을 요구받은 전액에 대하여 소명한 것으로 본다. 다만, 신고의무자가 자료의 수집·작성에 상당한 기간이 걸리는 등 다음에서 정하는 부득이한 사유로 소명기간의 연장을 신청하는 경우에는 과세당국은 60일의 범위에서 한 차례만 그 소명기간의 연장을 승인할 수 있다(국조법 §56 ②, 국조령 §97 ②·③).

ⓐ 계좌신고의무자가 화재·재난 및 도난 등의 사유로 자료를 제출할 수 없는 경우

ⓑ 계좌신고의무자가 사업이 중대한 위기에 처하여 자료를 제출하기 매우 곤란한 경우

ⓒ 관련 장부·서류가 권한 있는 기관에 압수되거나 영치된 경우

ⓓ 자료의 수집·작성에 상당한 기간이 걸려 기한까지 자료를 제출할 수 없는 경우

ⓔ 위 ⓐ부터 ⓓ까지의 규정에 따른 유사한 사유가 있어 기한까지 자료를 제출할 수 없다고 판단되는 경우

(2) 신고의무 불이행 등에 대한 과태료

① 해외금융계좌정보의 미신고 또는 과소신고한 경우

계좌신고의무자가 신고기한까지 해외금융계좌정보를 신고하지 아니하거나 과소신고한 경우에는 신고대상 계좌별로 다음의 구분에 따라 계산한 금액의 20% 이하에 상당하는 과태료를 부과한다. 이 경우 조세범처벌법 제16조 제1항에 따라 처벌되거나 조세범처벌절차법 제15조 제1항에 따른 통고처분을 받고 그 통고대로 이행한 경우에는 과태료를 부과하지 아니한다(국조법 §90 ①·④).

ⓐ 신고를 하지 아니한 경우 : 미신고 금액

ⓑ 과소신고한 경우 : 실제 신고한 금액과 신고하여야 할 금액과의 차액

② 신고의무 위반금액의 출처에 대한 미소명 또는 거짓으로 소명한 경우

계좌신고의무자가 신고의무 위반금액의 출처에 대하여 소명하지 아니하거나 거짓으로 소명한 경우에는 소명하지 아니하거나 거짓으로 소명한 금액의 20%에 상당하는 과태료를 부과한다. 다만, 천재지변, 화재·재난, 도난 등 불가항력적 사유로 증명서류 등이 없어져 소명이 불가능한 경우나 해외금융계좌 소재 국가의 사정 등으로 인하여 신고의무자가 신고의무 위반금액의 출처에 대하여 소명을 하는 것이 불가능한 경우 등 정당한 사유가 있는 경우에는 과태료를 부과하지 아니한다(국조법 §90 ②, 국조령 §147 ⑤).

③ 과태료의 부과기준

해외금융계좌의 신고의무 불이행에 대한 과태료의 부과기준은 다음과 같다. 이 경우 산정된 과태료는 그 위반행위의 정도, 위반 횟수, 위반행위의 동기와 결과 등을 고려하여 그 금액의 50% 범위에서 줄이거나 늘릴 수 있지만, 늘리는 경우에는 위 ①과 ②에 따른 과태료의 상한을 넘을 수 없다(국조령 §147 ①·②). 또한, 과세당국은 법 과태료 부과 대상자가 외국환거래법 제20조에 따라 해외에서 거래한 예금의 잔액현황보고서를 제출한 경우에는 다음과 같이 산정된 과태

료의 50% 범위에서 그 금액을 줄여 부과할 수 있다(국조령 §147 ③).

ⓐ 계좌신고의무자가 신고기한까지 해외금융계좌정보를 미신고 · 과소신고한 경우

[신고 대상 계좌별 미신고한 금액과 과소신고한 금액(신고해야 할 금액에서 신고한 금액을 뺀 금액)의 합계액 × 10%]와 10억원 중 적은 금액

ⓑ 계좌신고의무자가 신고의무 위반금액의 출처에 대해 소명하지 않거나 거짓으로 소명한 경우

소명하지 않거나 거짓으로 소명한 금액 × 10%

그런데 위의 부과기준에 따라 과태료를 부과할 때 해외금융계좌 잔액 합산의 오류 등 단순착오에 따라 신고하지 않았다고 인정할 만한 사유가 있는 경우에는 과태료를 부과하지 않을 수 있으며, 신고하지 않거나 과소신고한 계좌가 추가로 확인되는 경우에 추가로 부과하는 과태료는 신고하지 않거나 과소신고한 전체 금액을 기준으로 부과할 과태료에서 이미 부과한 과태료를 뺀 금액으로 한다(국조령 §147 ⑥ · ⑦).

④ 질서위반행위 과태료에 대한 이의제기

해외금융계좌 신고의무 불이행 등에 대한 과태료 부과처분은 해외투자에 대한 자료제출의무 위반에 대한 과태료 부과처분과 마찬가지로 질서위반행위규제법의 적용을 받는 것으로, 국세기본법상 불복절차 대상이 아니기 때문에 과태료에 대한 이의가 있는 경우 국세기본법에 따른 조세불복절차가 아닌 소송절차를 통해 다퉈야 한다(조심2017서4981, 2018.6.12.). 질서위반행위규제법에 따르면, 과태료의 부과 · 징수, 재판 및 집행 등의 절차에 관한 다른 법률의 규정 중 질서위반행위규제법의 규정에 저촉되는 것은 질서위반행위규제법으로 정하는 바에 따르고(질서위반행위규제법 제5조), 행정청의 과태료 부과에 불복하는 당사자는 과태료 부과 통지를 받은 날부터 60일 이내에 해당 행정청에 서면으로 이의제기를 할 수 있으며(질서위반행위규제법 제20조), 이의제기를 받은 행정청은 이의제기를 받은 날부터 14일 이내에 이에 대한 의견 및 증빙서류를 첨부하여 관할 법원에 통보하여야 하고(질서위반행위규제법 제21조), 과태료 사건은 다른 법령에 특

별한 규정이 있는 경우를 제외하고는 당사자의 주소지의 지방법원 또는 그 지원의 관할로 한다(질서위반행위규제법 제25조)고 규정하고 있다.

(3) 신고의무 불이행에 대한 형사처벌

해외금융계좌 신고의무자로서 신고기한 내에 신고하지 아니한 금액이나 과소신고한 금액("신고의무 위반금액")이 50억원을 초과하는 경우에는 조세범처벌법에 따라 2년 이하의 징역 또는 신고의무 위반금액의 13% 이상 20% 이하에 상당하는 벌금에 처한다. 이 경우 정상에 따라 징역형과 벌금형을 병과할 수 있다. 그런데 신고의무를 불이행한 것에 대하여 정당한 사유가 있는 경우에는 처벌하지 아니한다(조세범법 §16 ①·②).

4. 계좌정보에 대한 비밀유지

세무공무원은 해외금융계좌정보를 타인에게 제공 또는 누설하거나 목적 외의 용도로 사용하여서는 안 된다. 다만, 다음과 같이 국세기본법 제81조의13 제1항 각 호의 어느 하나에 해당하는 경우에는 그 사용 목적에 맞는 범위에서 해외금융계좌정보를 제공할 수 있다(국조법 §57 ①). 이런 경우에 해당되어 해외금융계좌정보를 알게 된 사람은 이를 타인에게 제공 또는 누설하거나 그 목적 외의 용도로 사용하여서는 안 된다(국조법 §57 ②).

① 국가행정기관, 지방자치단체 등이 법률에서 정하는 조세, 과징금의 부과·징수 등을 위하여 사용할 목적으로 과세정보를 요구하는 경우
② 국가기관이 조세쟁송이나 조세범 소추를 위하여 과세정보를 요구하는 경우
③ 법원의 제출명령 또는 법관이 발부한 영장에 의하여 과세정보를 요구하는 경우
④ 세무공무원 간에 국세의 부과·징수 또는 질문·검사에 필요한 과세정보를 요구하는 경우
⑤ 통계청장이 국가통계작성 목적으로 과세정보를 요구하는 경우
⑥ 사회보장기본법 제3조 제2호에 따른 사회보험의 운영을 목적으로 설립된 기관이 관계 법률에 따른 소관 업무를 수행하기 위하여 과세정보를 요구하는 경우

⑦ 국가행정기관, 지방자치단체 또는 공공기관의 운영에 관한 법률에 따른 공공기관이 급부·지원 등을 위한 자격의 조사·심사 등에 필요한 과세정보를 당사자의 동의를 받아 요구하는 경우

⑧ 국정감사 및 조사에 관한 법률 제3조에 따른 조사위원회가 국정조사의 목적을 달성하기 위하여 조사위원회의 의결로 비공개회의에 과세정보의 제공을 요청하는 경우

⑨ 다른 법률의 규정에 따라 과세정보를 요구하는 경우

5. 수정신고 및 기한 후 신고

(1) 해외금융계좌정보의 수정신고 및 과태료의 경감

신고기한 내에 해외금융계좌정보를 신고한 자로서 과소신고한 자는 과세당국이 국제조세조정에 관한 법률 제90조 제1항에 따른 과태료를 부과하기 전까지 해외금융계좌정보를 수정신고할 수 있다(국조법 §55 ①). 이렇게 해외금융계좌정보를 수정신고하려는 자는 해외금융계좌 수정신고서에 처음 신고한 해외금융계좌정보와 수정신고하는 해외금융계좌정보를 적어 납세지 관할 세무서장에게 제출하여야 한다(국조령 §96 ①). 신고기한이 지난 후 해외금융계좌정보에 대하여 수정신고(과세당국의 과태료 부과를 미리 알고 제출한 경우는 제외함)를 한 경우에는 국제조세조정에 관한 법률 시행령 제147조 제1항부터 제3항까지의 규정에 따라 산정된 과태료에서 다음의 구분에 따른 감경비율을 적용한다(국조령 §147 ④ 1호).

① 신고기한이 지난 후 6개월 이내에 수정신고한 경우: 해당 과태료 금액의 90%

② 신고기한이 지난 후 6개월 초과 1년 이내에 수정신고한 경우: 해당 과태료 금액의 70%

③ 신고기한이 지난 후 1년 초과 2년 이내에 수정신고한 경우: 해당 과태료 금액의 50%

④ 신고기한이 지난 후 2년 초과 4년 이내에 수정신고한 경우: 해당 과태료 금액의 30%

(2) 기한 후 신고 및 과태료의 경감

신고기한 내에 해외금융계좌정보를 신고하지 아니한 자는 과세당국이 국제조세조정에 관한 법률 제90조 제1항에 따른 과태료를 부과하기 전까지 해외금융계좌정보를 신고할 수 있다(국조법 §55 ②). 이렇게 해외금융계좌정보를 기한 후 신고하려는 자는 해외금융계좌 기한후신고서를 납세지 관할 세무서장에게 제출하여야 한다(국조령 §96 ②). 신고기한이 지난 후 해외금융계좌정보에 대하여 기한 후 신고(과세당국의 과태료 부과를 미리 알고 제출한 경우는 제외함)를 한 경우에는 국제조세조정에 관한 법률 시행령 제147조 제1항부터 제3항까지의 규정에 따라 산정된 과태료에서 다음의 구분에 따른 감경비율을 적용한다(국조령 §147 ④ 2호).

① 신고기한이 지난 후 1개월 이내에 기한 후 신고를 한 경우: 해당 과태료 금액의 90%

② 신고기한이 지난 후 1개월 초과 6개월 이내에 기한 후 신고를 한 경우: 해당 과태료 금액의 70%

③ 신고기한이 지난 후 6개월 초과 1년 이내에 기한 후 신고를 한 경우: 해당 과태료 금액의 50%

④ 신고기한이 지난 후 1년 초과 2년 이내에 기한 후 신고를 한 경우: 해당 과태료 금액의 30%

■ 국제조세조정에 관한 법률 시행규칙 [별지 제45호서식](2023.03.20 개정)

(4쪽 중 제1쪽)

신고대상 연도	해외금융계좌 신고서	신고 구분	[ ] 정기	신고인 유형	[ ] 거 주 자
년			[ ] 수정		[ ] 내국법인
			[ ] 기한 후		

1. 신고인 인적 사항

① 성 명 (법인명)	(한글)	② 주민등록번호 (사업자등록번호)	
	(영문)	③ 여권번호	
④ 주 소 (소재지)		⑤ 전화번호	

2. 해외금융계좌 보유 현황

⑥ 신고계좌 총수	보유계좌 잔액의 연중 매월 말일의 최고금액	
	⑦ 기준일	⑧ 금액
개	. . .	원

3. 해외금융계좌별 명세

(단위: 현지 통화, 원)

보유계좌 일련번호 (1)	⑨ 계좌 관련자 정보	[ ] 없음, [ ] 공동명의계좌, [ ] 외국법인(100% 소유), [ ] 명의자와 실소유자가 다른 계좌			
	⑩ 금융회사명			⑪ 계좌종류	
	⑫ 계좌번호			⑬ 표시 통화	
	⑭ 계좌 명의자			⑮ 현지기업 고유번호	
	⑯ 기준일 잔액	(외화)		⑰ 개설일	. . .
		(원화)		⑱ 해지일	. . .
	⑲ 금융회사 소재지	국가	지역[주(州),성(省)등]	도시	그 밖의 상세 주소

위 신고인은 「국제조세조정에 관한 법률」 제53조 및 제55조에 따라 위 내용을 신고하며, 위 내용을 충분히 검토하였고 신고인이 알고 있는 사실 그대로를 정확하게 적었음을 확인합니다.

년 월 일

신고인 (서명 또는 인)

세무서장 귀하

대리인	성명(상호)		사업자등록번호 (주민등록번호)		전화번호	

210㎜×297㎜[백상지(80g/㎡) 또는 중질지(80g/㎡)]

■ 국제조세조정에 관한 법률 시행규칙 [별지 제51호의2서식 부표3](2025.03.21 신설)

해외금융계좌 명세서

주민등록번호 (사업자등록번호)	

※ 뒤쪽의 작성방법을 읽고 작성하시기 바랍니다. (앞쪽)

가. 해외금융계좌 보유 현황		(단위: 현지 통화, 원)
① 전체 신고계좌 총수	전체 보유계좌 잔액의 연중 매월 말일의 최고금액	
	② 기준일	③ 금액
(개)		(원)

나. 해외금융계좌 명세											
	④ 신탁재산 일련번호	⑤ 계좌 종류	⑥ 금융 회사명	⑦ 계좌번호	⑧ 계좌 명의자	⑨ 국가	⑩ 표시 통화	⑪ 기준일 잔액	⑫ 개설일	⑬ 해지일	⑭ 계좌 관련자 정보
보유계좌 일련번호 (1)								(외화) (원화)			[없음 [공동명의 계좌 [외국법인 (100%소유) [명의자와 실소유자가 다른 계좌
	④ 신탁재산 일련번호	⑤ 계좌 종류	⑥ 금융 회사명	⑦ 계좌 번호	⑧ 계좌 명의자	⑨ 국가	⑩ 표시 통화	⑪ 기준일 잔액	⑫ 개설일	⑬ 해지일	⑭ 계좌 관련자 정보
보유계좌 일련번호 ( )								(외화) (원화)			[없음 [공동명의 계좌 [외국법인 (100%소유) [명의자와 실소유자가 다른 계좌

다. 해외금융계좌 관련자 명세						
관련자 일련번호 (1)	⑮ 보유계좌 일련번호			⑯ 계좌 관련자 유형	[ ] 유형1, [ ] 유형2, [ ] 유형3, [ ] 유형4	
	⑰ 관련자 정보	성명 (법인명)		주민등록번호 (사업자등록번호)		
		주소 (소재지)			전화번호	
관련자 일련번호 ( )	⑮ 보유계좌 일련번호			⑯ 계좌 관련자 유형	[ ] 유형1, [ ] 유형2, [ ] 유형3, [ ] 유형4	
	⑰ 관련자 정보	성명 (법인명)		주민등록번호 (사업자등록번호)		
		주소 (소재지)			전화번호	

■ 국제조세조정에 관한 법률 시행규칙 [별지 제46호서식](2021.03.16 개정)

(3쪽 중 제1쪽)

해외금융계좌 신고의무 위반금액 출처 확인서

1. 신고인 인적 사항

① 성 명 (법인명)	(한글)	② 주민등록번호 (사업자등록번호)	
	(영문)	③ 여권번호	
④ 주 소 (소재지)		⑤ 전화번호	

2. 납세지 관할 세무서장의 소명요구 내용 (1)

⑥ 금융회사명	⑦ 금융회사 소재 국가	⑧ 계좌번호	⑨ 기준일	⑩ 소명요구 금액(천원)	⑪ 소명요구일

3. 위반금액 출처 명세 (1)

(단위: 천원)

구분	⑫ 금액	⑬ 발생처	⑭ 발생기간	⑮ 과세대상 금액	⑯ 과세대상 금액 중 신고(결정) 금액
⑰ 소득					
⑱ 상속 또는 증여					
⑲ 채무					
⑳ 기타					
㉑ 합계 (⑰+⑱+⑲+⑳)		㉒ 소명기준 충족 여부[(㉑/⑩)≥80%]		[ ] 예 [ ] 아니요	

위 신고인은 「국제조세조정에 관한 법률」 제56조 및 같은 법 시행령 제97조 제1항에 따라 신고인이 알고 있는 사실 그대로 정확하게 소명하였음을 확인합니다.

년 월 일

신고인 (서명 또는 인)

세무서장 귀하

대리인	성명(상호)	사업자등록번호(주민등록번호)	전화번호

신고인 제출서류 (예시)	1. 신고(결정) 소득금액을 확인할 수 있는 신고서 등 2. 부동산 양도차익은 부동산 소재지·수량 및 금액이 표시된 매수·매도계약서 또는 양도소득세 신고서 3. 동산 등 양도차익은 매수자의 주소, 성명, 주민등록번호가 적힌 매수·매도계약서 또는 매수·매도자 확인서 등 거래금액 및 거래사실을 증명하는 서류 4. 증여는 증여자의 주소, 성명, 주민등록번호를 적은 확인서 또는 증여세 신고서 5. 채무 중 금융회사 차입자금은 해당 금융회사가 발행한 증명서 6. 채무 중 타인 자금은 채권자가 확인되는 차용증서, 전세금 등의 경우 계약서 등 7. 그 밖에 자금 원천이 확인되는 서류

210㎜×297㎜[백상지 80g/㎡ 또는 중질지 80g/㎡]

| 저 | 자 | 소 | 개 |

■ 이 동 기 세무사

[약력]

· 호주 시드니대학교 로스쿨 졸업(국제조세석사)
· 미국회계사(AICPA) 자격 취득(미국 델라웨어주)
· 미국세무사(Enrolled Agent) 자격 취득(미국 국세청)
· 국세청 국세법령해석심의위원

[주요저서]

· 국내세법 중심 국제조세 실무(조세통람)
· 비거주자 등의 국내원천소득에 대한 원천징수 실무(CFO아카데미)
· 세금을 알아야 부가 보인다(청림출판)
· 알기 쉬운 세무실무(경제법륜사)

감수자 소개

■ 황정예 세무사

[약력]

· 현 도서출판위원회 위원
· 현 여성세무사위원회 위원
· 전 조세제도연구위원회 위원

[주요저서]

· 법인전환 세무 (공저)

■ 송진형 세무사

[약력]

· 현 도서출판위원회 위원
· 현 서울지방세무사회 세무조정및성실신고감리위원
· 전 한국부동산원(전 한국감정원) 근무

해외투자 세무

발행일 : 2025년 11월
저　자 : 이동기(e-mail: dktax@daum.net)
감　수 : 황정예, 송진형
발행인 : 구 재 이
발행처 : 한국세무사회
주　소 : 서울시 서초구 명달로 105(서초동)
등　록 : 1991.11.20. 제21-286호
TEL. 02-597-2941　　FAX. 0508-118-1857
ISBN 979-11-5520-208-1　부가기호 93320

저 자 와
협의하에
인지생략

본서는 항상 그 완전성이 보장되는 것은 아니기 때문에 실제 적용할 경우에는 충분히 검토하시고 저자 또는 전문가와 상의하시기 바랍니다.

정가 9,000원